진정한 직독 · 직해를 위한 영어학습법

조동진 선생님의
차례가기 영어

Series - 1

조동진 인지문법연구소

조동진 선생님의
차례가기 영어

초판 1쇄 인쇄 2022년 3월 20일
초판 1쇄 발행 2022년 4월 12일

신고번호   제313-2010-376호
등록번호   105-91-58839

지은이   조동진
발행처   보민출판사
발행인   김국환
기획   김선희
편집   정은희
디자인   김민정

주소   서울시 강서구 마곡서로 152, 두산타워 A동 1108호
전화   070-8615-7449
사이트   www.bominbook.com

ISBN   979-11-92071-39-8   03740

• 가격은 뒤표지에 있으며, 파본은 구입하신 서점에서 교환해드립니다.
• 이 책은 저작권법에 의하여 보호를 받는 저작물이므로 무단 전재와 복사를 금합니다.

영·미인들도 가르쳐주지 못하는
영어학습의 놀라운 비밀이 밝혀진다!

- 조동진 -

It is
real
English
Mind!

추천사 (1)

현재 지구상에는 220여 개의 나라가 존재하고 있으며, 이들 나라에서 사용하고 있는 언어들은 대략 6,500여 개가 있다. 이들 중 문자(letter, 文字)를 가지고 있는 언어는 200여 개가 되며, 이들 중 지구촌에서 국제어(international language)로서의 위상을 차지하고 있는 언어는 단연코 영어라는 사실을 부인하기는 어렵다. 그러나 영어는 언어학적인 측면에서는 그다지 매력적이지 못한 언어이다.

매력적인 언어로 인정받고 있는 언어는 과학적인 체계를 가지고 있는 '한글'로서 그 위상이 점차 높아져 가고는 있지만, 아직 영어의 위상에는 미치지 못하고 있다.

1,500여 년 전 브리튼(Britain)이라고 불리는 조그만 섬나라에서 사용되기 시작하던 영어가 오늘날 세계적인 언어(world language)로서의 위상을 차지하고 있는 까닭은 영어가 지니고 있는 언어적 매력(linguistic merits) 때문이라기보다는 영어를 모국어(native language)로 사용하고 있는 나라들의 경쟁력이 있는 정치, 경제, 문화, 사회적 요인들인 언어 외적인 요소(linguistic external element)들의 상대적 우위성 때문이다.

1996년 OECD에 가입한 대한민국은 세계 경제력 10위권에 육박하는 경제대국(經濟大國)으로 발돋움하고 있으며, 발전을 위하여서는 신지식(新知識)과 그 문물(文物)을 배우고 받아들여야만 하는데 그 첫 관문은 바로 영어의 세계로 이루어져 있다.

세계로 뻗어나가고자 하는 대한민국의 교육열이 높음은 자타(自他)가 공인하는 바이지만, 영어 사용 능력을 향상시키고자 하는 영어학습자의 노력에 비해 나타나는 그 결과는 가성비가 그다지 높다고는 할 수 없는 현실이다.

이번에 출간된 《차례가기 영어》는 수십여 년 동안 영어를 가르쳐오던 조동진 선생의 축적된 현장 교육의 경험과 연구가 바탕이 된 'ING 학습방법'이 적용된 창의적 역작이라 할 수 있다.

이 책의 전반적인 특징은 기존의 문법 번역식(grammar translation method)의 학습방법이 아닌 의미전개(意味展開)의 과정에 있어서 '영어 어순(word order: SVC)'의 순서에 따른 우선적 이해를 통한 영어학습 방법을 취하고 있어, 영어학습자로 하여금 '영어로 생각하게 하는(thinking in English) 훈련'이 된다는 것이다. 이러한 훈련은 모국어(native language)를 습득(acquisition)해 나가는 과정과 유사한 교수방법으로 빠른 의미 이해(Reading Comprehension)와 더불어 상황에 맞는 영어문장을 생산해 낼 수 있는 능력(English Behavior)까지도 갖출 수 있게 하는 것이다. 더욱이 본 교재 《차례가기 영어》는 그 내용이 '조동진 선생의 〈차례가기 영어〉'라는 제목으로 순차적인 유튜브 강의에서도 진행되고 있다.

21세기의 영어능력에 대한 평가는 TOEIC이나 TOEFL과 같은 점수에 의한 단순한 평가보다도 영어 사용자가 영어를 사용하여 무엇을 수행해 낼 수 있는가의 실용적인 측면에 비중을 많이 두고 있다. 이야기(storytelling)가 가미되어 진행되는 '조동진 선생의 〈차례가기 영어〉' 유트브 학습을 병행한다면, 21세기 언어교수의 목적인 '의사소통 언어교육(Communicative Language Teaching)'에 있어서도 그 효과가 많을 것으로 기대된다.

영어에 대한 언어학적 지식이 뛰어난 선생이라고 해서 학생들에게 영어를 다 잘 가르칠 수 있는 것은 아니다. 영어에 대한 실력이 기본이라면, 이에 더하여 학습자에 대한 교육적 인성(人性)이 훌륭한 선생이야말로 경제적으로 '세계영어의 바다'로 학습자들을 안내해 줄 것이다. 그 다음 순서로는 영어의 바다에서 파도를 넘어가며 항해를 즐길 수 있는 에너지 공급인데, 그 공급원은 학습자 자신들의 오직 열정(Grit)뿐인 것이다! 이 책을 통해서 많은 영어 학습자들이 영어로 제공되고 있는 드넓은 지성(知性)의 세계를 만날 수 있기를 바란다.

- 국가평생교육진흥원 장근철 교수

추천사 (2)

처음 조동진 선생님의 원고 제목을 보았을 때 '차례가기'에 대해서 사실 이해가 되지 않았다. 영어의 차례가기? 아이들 피아노 배울 때 쓰는 용어 아니었나? 나 역시 아이들 영어교육을 하는 현직 영어학원 원장으로서 나름 많은 영문법 책을 접해왔고, 어떻게 하면 좀 더 쉽고 재미있게 영문법을 가르칠 수 있을까를 고민해왔기에 이 책에 더 큰 호기심이 생겼다.

첫 장을 열고 첫 문장을 보는 순간, 조동진 선생님이 풀어놓은 영문법의 새로운 시각에 놀라웠고, '차례가기'의 의미 또한 한 번에 확 와닿았다. 이 책을 읽어 가면서 저자가 말하는 '차례가기'란 자연스러움이라 느껴졌다. 가장 자연스러운 인간의 행동과 그리고 이어지는 순서, 많은 문법책에서 말하는 '영어는 동사의 언어다.'를 가장 편안하게 해설한 책인 것이다. 나(주어)의 행동(동사)이 차례대로 이어지는 말(영어)의 흐름! 점점 흥미로워지기 시작했다.

나는 바로 아주 간단한 문장 'I see a bird.'를 가지고 차례가기를 해보았다. 행동의 가장 자연스러운 흐름은 눈을 감고 있다가 새를 가져와서 보는 순서가 아닌, 내가 한 행동, 보는 결과가 새 한 마리라는 것이다. 자연스러운 동작의 흐름, 즉 '차례가기'인 것이다. 마지막 장을 다 읽고 난 후 미소가 지어지고 마음이 설레었다. 지금 당장 아이들에게 달려가 '차례가기'를 설명해주고 싶은 기분 좋은 두근거림! 막 파닉스를 떼고 글을 읽기 시작하는 어린 학습자부터 성인까지 이 책은 영어학습에 있어 너무나 좋은 역할을 할 것이다.

어려운 문법을 가르치기보다 흐름을 알려주는 것! 나의 동작을 따라가며 익히는 영어! 이것이 영어 선생님들이 찾던 가장 자연스럽고 효과적인 영어 교수법이지 아니한가? 차례가기 영어는 많은 선생님과 학생에게 영문법의 새로운 시각을 열어줄 것이라 확신해본다. 끝으로 아이들이 좀 더 쉽고 즐겁게 영어학습을 하는 모습을 상상하며 이 책을 내주신 조동진 선생님께 감사의 말을 전한다.

- 블루플래닛 영어도서관 파주운정점 원장 김선희

〈영어 구사 감각〉을 잡고 싶은 분들께

"영어 공부를 하긴 했는데, 너무도 막막합니다. 영어에 대한 감(感)이 전혀 잡히질 않아요." 극히 일부를 제외하곤, 모두가 공감하는 고충이다.

하광호 교수는 「영어의 바다에 빠뜨려라」라는 자신의 저서에서 다음과 같이 주장하고 있다.

"통사적 신호체계(Syntactic Cue System)는 한 언어가 작동하는 가장 기본적이고도 자연스러운 원칙을 말한다. 언어라는 것은 바로 이 원칙에 따라 움직이고 배열된다.

이러한 구조는 그 언어를 모국어로 말하는 사람이라면 누구나 체득하고 있는, 언어의 아주 자연스러운 한 부분을 지칭한다.

이 시스템은 **독특한 문장 구조**일 수도 있고 **단어 배열 원칙**일 수도 있다.

이 **고정적이고 전형적인 틀**이 몸에 배도록 집중적인 훈련을 받는 것은 외국어 교육 과정에서 가장 중요한 부분이다. 그 외국어가 가진 구조를 완전히 친숙하게 익혀야 비로소 그 언어를 할 줄 안다고 할 수 있기 때문이다.

··· 중략 ···

이것이 **「영어교육의 핵심」**이라고 생각한다.

p.213~214 〈영어의 바다에 빠뜨려라.〉 하광호 지음 중에서

이 책의
가치는
다음과 같습니다.

첫째, 영어의 고정적이고 전형적인 틀(문장 구조/어순)의 이해를 돕기 위해서 그것을 지배하는 원리를 밝히고 「영어에 대한 감(感)」을 잡을 수 있게 했습니다.

- **[시공간 차례가기 원리]**[1]를 제시
- **[영어어순에 대한 정의]**[2]를 내림
  '영어는 [시공간 차례가기 원리]를 적용하여 2차원 세계로 표현하는 언어'임을 증명

둘째, 위에 제시한 **[시공간 차례가기 원리]가 적용된 차례가기 그림***을 소개했습니다.
*차례가기 그림이란? 연이어 장면이 발생하는 여러 장면을 차례가기 원리를 적용시켜 그림 1장으로 표현

차례가기 그림을 통해 인간이 언어를 구사할 때 사용하는 '공간 위치감, 방향감, 시간 순번감, 논리력, 인지력, 판단력, 기억력, 연상능력 등을 이용하여 영어를 구사'할 수 있도록 했습니다.

---

1) 1998년, 조동진 (저작권 등록)
2) 2015년, 컨설팅장학에서 발표

셋째, 앞의 과정을 통해 「① 'thinking in English'란 무엇이며, ② 진정한 직독·직해가 무엇이고 ③ 영어에 대한 감이 어떤 것인지」에 대해 명쾌한 해답을 제시했습니다.

넷째, 활용도가 매우 높은 원리들을 먼저 다루었습니다.
이러한 법칙들은 우리가 게임이나 스포츠를 할 때, 절대적으로 필요한 핵심이 되는 규칙들에 해당하는 것들입니다. 영어를 보다 잘하기 위한 기술이나 세세한 규칙들은 앞으로 공부해 가면서 천천히 익혀도 늦지 않습니다.

이 책이 영어의 바다를 항해할 때, 여러분을 인도하는 한 줄기 빛이 되길 기원합니다.

이 책이 나오기까지 지도 편달해 주신 장근철 교수님과 추천사를 써주신 김선희 원장님, 그리고 편집을 맡아주신 정은희 편집장님과 이창근 선생님, 황진영 선생님, 이경일 선생님, 김선중 선생님께 고마움을 전합니다. 또한 본문에 들어가는 수많은 그림들을 정성껏 도와준 제자 김혜원님, 이다빛님, 한수진님, 김성지님, 이혜인님과 보민출판사 관계자 분들, 그리고 마지막으로, 책이 나오기까지 인내하며 기다려준 나의 가족에게도 깊은 감사의 뜻을 전합니다.

2022. 2. 22.
연구실에서
창안 저자 : 조동진

일러두기

그림을 통해서 구사 감각을 익힌다.

이 책 속의 「차례가기 그림」은 저자의 독창적 이론인 [시공간 차례가기(순차 이동) 원리]가 적용되어 그려진 것들로서, 언어 구사시 이용되는 여러분의 다양한 감각과 능력을 최대한 활용하여 영어를 구사할 수 있도록 도움을 드릴 것입니다.

[시공간 차례가기(연이어가기/순차 이동) 원리]는 문장 기억 이론도 됩니다.

[시공간 차례가기(순차 이동) 원리]로 그려진 연상 그림과 문장들은 순간 기억되고, 오래 저장되어, 순간 회생을 할 수 있도록 자동으로 도울 것입니다. 그림을 보면서 반복하기 바랍니다.

기존의 문법을 무작정 암기하는 것이 아니라, 원리를 통해 보다 쉽게 이해할 수 있도록 했습니다.

원어민은 문법 용어를 잘 모를지라도 몸에 자연스럽게 내재된 문법을 활용하고 있습니다. 한국인은 EFL[1] 상황에서 영어를 배우고 있습니다. 따라서 더더욱 문법 설명 없이 영어를 이해할 수 없습니다. 문법은 죄가 없습니다.

학교에서 배우는 문법은 매우 중요합니다. 이 책은 그 문법을 보다 쉽게 몸에 익히고 원어민 방식으로 사고할 수 있게 도움을 주기 위한 것입니다.

---

1) EFL (English as a foreign language)은 외국어로써의 영어를 말함.

Contents

추천의 글 04
저자의 말 09
일러두기 12

PART 01 _ 영어식 사고를 하기 위해서

Step 01 - Thinking in English 19
Step 02 - 영어 어순에 대한 놀라운 발견 27

PART 02 _ 기본 문형으로 [시공간 차례가기 원리] 이해하기

Step 01 - 1형식/단순동작 및 위치 이동 표현 33
Step 02 - 2형식/be동사가 있는 문형 55
Step 03 - 3형식/소유의 개념을 바탕으로 한 기본 표현 67
Step 04 - 4형식/4형식 문형으로 된 〈~을 주다〉 표현 85
Step 05 - 5형식/5형식의 원형부정사 97

PART 03 _ 우리말에 없는 전치사를 잡아라

Step 01 - 전치사의 이해 〈사건 + 배경〉 115
Step 02 - 전치사의 이해 〈5형식 + 결과〉 123

PART 04 _ 다양한 형태의 주어 · 목적어 · 보어

Step 01 - to-V원형 형태 149
Step 02 - that-S+V~(절) 173
Step 03 - V-ing 형태 181

PART 05 _ 특수구문의 이해

Step 01 - 비인칭 주어 it 197
Step 02 - 존재구문 ~이 있다 213
Step 03 - 비교 문형 217
Step 04 - 구동사 〈phrasal verb〉 표현 223
Step 05 - 다양한 장면 구사감각 227
Step 06 - 수동태 267

부록 - 영어 어순 변화의 큰 흐름 추적 284

 학습내용

영어식 사고를 하기 위한 사고전환

이 부분은 숙독이 필요한 곳이다.

영어식 사고로 영어문장을
해독하기 위해선
사고 전환이 필요하다.

사물을 바라볼 때
사물이나 장면을 보는 관점에 따라
전혀 다르게 보인다.

그 누구도 가르쳐주지 않았던
원어민의 관점과 시각으로 사물을
바라볼 수 있는 방법을
익히게 될 것이다.

시 공 간 차 례 가 기 영 어

PART 01

영어식 사고를
하기 위해서

STEP 1. 「영어식 사고」를 하기 위해서
　　　　　알아야 할 기본 사항들

STEP 2. 놀라운 발견!「시공간 차례가기 원리」

조동진의 영어학습법
시공간 차례가기 영어

PART 01

영어식 사고를 하기 위해서

STEP 01

「영어식 사고」를 하기 위해서
알아야 할 기본 사항들

PART 01 _ Thinking in English & English Mind

STEP 01

Thinking in English

「영어식 사고」를 하기 위해서 알아야 할 기본 사항들

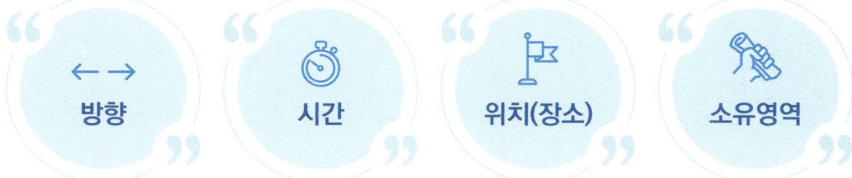

영어는 [시공간 차례가기 원리]를 적용하여
2차원의 세계로 표현하는 언어이다.

- 조동진 -

원어민의 시각으로 바라볼 수 있게 하기 위해서 아주 중요하고도 기본적인 것이 있는데, 그것은 '3차원의 시공간의 세계를 2차원적으로 사고하는 것이다.' 그렇게 하기 위해서 꼭 짚고 넘어가야 할 것이 있다.

바로 '방향감각', '시간감각', '위치(장소)감각',
그리고 '소유영역에 대한 사고'이다.

지금부터 알아보도록 하자.

1. 원어민이 생각하는 「방향」

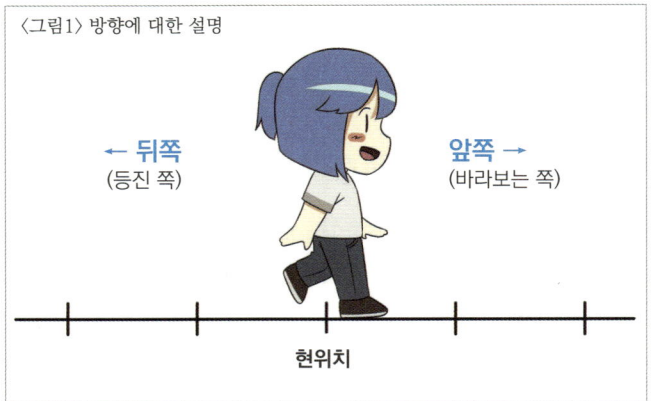

〈그림1〉 방향에 대한 설명

여러분이 지금 위치하고 있는 곳에서 정면으로 바라보고 있는 쪽을 **앞쪽 방향**이라고 한다. 그리고 등지고 있는 쪽을 당연히 **뒤쪽 방향**이라고 한다.

바라보고 있는지 등지고 있는지의 여부가 방향의 판단 기준이 되는 것이다.

2. 원어민이 생각하는 「장소(위치) 및 시간」

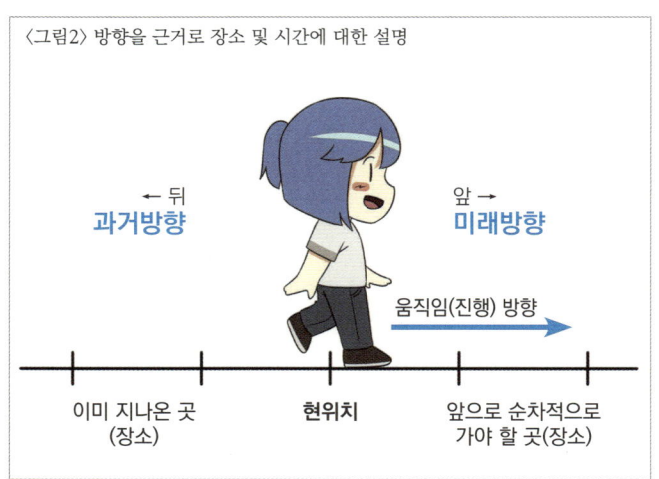

〈그림2〉 방향을 근거로 장소 및 시간에 대한 설명

PART 01 _ Thinking in English & English Mind

〈그림2〉에서 주인공은 움직이고 있는 중이다.

우리가 바라보는 쪽은 앞쪽이다. 앞쪽으로 한 발 한 발 장소를 이동하면, 그만큼 미래로의 시간 이동이 일어난다. 우리가 살아가는 것은 미래로의 여행(=시간이동)이라 할 수 있다.

이와 같은 '시간과 장소에 대한 사고'는 시계에 그대로 투영되어 있다. 〈그림2〉의 주인공을 시계 바늘로 보면, 앞쪽(+방향)으로의 장소 이동은 시계방향으로의 이동이자, 미래로의 여행인 것이다.

3. 등장인물이 2명 이상이라도 다 미래 방향을 본다. (2차원적 사고 방식)

행위자(Agent)와 대상자(Object) 모두 미래로 살아가기 때문에 미래방향(앞/그림의 오른쪽)을 바라본다.

4. 소유영역에 대한 인식

소유영역

〈그림4〉 행위 및 소유영역

〈그림4〉에서 주인공이 앞쪽으로 손을 뻗어 영향을 미칠 수 있는 영역을 주인공의 **소유영역(personal space)**이라고 한다.

이것은 **4형식과 5형식 어순 해결의 핵심 열쇠**이다.

이 소유영역에서는

① 행위도 나타날 수 있고,
② 소유물이 들어올 수도 있다.

소유영역에 대한 이해를 돕기 위한 예

예 1. 카드놀이나 화투놀이

　딜러가 게임 참여자들에게 카드나 화투를 나누어 줄 때, 카드를 상대방 바로 앞에 나누어 던져준다. 이때 게임 참여자들은 카드를 받는(가지는) 행위를 하지 않아도 자기 바로 앞에 놓여 있는 카드는 자기 것이라고 인지한다.

　또한 게임 참여자들은 게임 중에 획득한 것들도 자기 바로 앞에 놓아둔다. **이는 그 사람의 바로 앞 공간이 그 사람의 소유영역이기 때문이다.**

예 2. 여럿이 음식을 주문할 때

주문한 사람에 맞추어 그 사람이 주문한 음식을 그 사람 바로 앞에 놓아 준다. 그 음식은 그 사람의 소유영역에 놓인 것이다.

예 3. 아이들이 소유를 주장할 때

"이것은 내 꺼야"라고 하면서 물건들을 자기 앞으로 끌어당겨 놓는다.

그 외의 많은 예에서 알 수 있듯 **사람의 바로 앞, 손이 미치는 영향권(영역)은 그 사람의 소유영역임**을 알 수 있다.

지금까지 알아본 방향, 시간, 위치, 소유 감각들은 원어민의 시각으로 사건을 바라볼 수 있게 하는 필수 이해사항들이다.

이제부터
① 원어민들은 실생활에서 일어난 사건을 어떻게 2차원적 사고방식으로 표현하는지
② 그리고 그것은 영어 어순과 어떤 관계가 있는지
③ 영어 어순을 지배하는 원리가 무엇인지
다음 장에서 밝히고자 한다.

조 동 진 의 영 어 학 습 법
시 공 간 차 례 가 기 영 어

PART 01
영어식 사고를 하기 위해서!

STEP 02

영어 어순에 대한 놀라운 발견

PART 01 _ Thinking in English & English Mind

STEP 02 영어 어순에 대한 놀라운 발견

영어 어순의 비밀
'시공간 차례가기 원리'

다양한 능력과 감각을 사용한다

번역은 필요치 않다

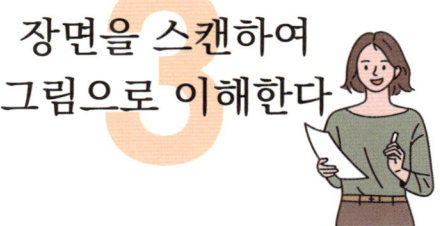
장면을 스캔하여 그림으로 이해한다

타고난 다양한 능력과 감각을 사용하라.

인간은 누구나 다 ① 시공간 내에서 시공간 인지 능력 ② 위치감각과 위치 이동에 따른 방향감각 ③ 순번감 ④ 균형감 ⑤ 논리력 ⑥ 인지능력 ⑦ 기억력 ⑧ 추리력 ⑨ 판단력 ⑩ 감정(흥미 포함) ⑪ 오감 ⑫ 발성 기관 등을 가지고 태어난다. 이러한 능력들의 활용은 언어생활을 가능하게 하는 가장 기본적인 능력이라고 할 수 있다.

따라서 영어를 공부할 때, 이러한 타고난 능력을 효율적으로 활용하여 공부해야 함은 당연하다.

번역을 해야 영어를 이해하는 모국어 간섭 현상

우리가 우리말을 들을 때 영어로 번역해서 이해하지 않듯 영어를 모국어로 쓰는 원어민들 또한 우리말로 번역해서 이해하지 않는다. '번역하는 과정이 있어야만 영어를 이해할 수 있는 현상'을 전문 용어로 '모국어 간섭 현상'이라고 한다.

어떻게 해야 영어를 원어민의 시각으로 읽고, 쓰고, 말할 수 있을까

위에서 언급한 타고난 다양한 능력과 감각을 사용하고 모국어의 간섭 현상을 배제할 수 있는 최선의 방법은 없을까?

그 해답은 '영어는 실제 일어난 혹은 상상한 장면을 2차원적인 사고방식으로 표현한다'라는 English Mind를 깨닫는 것이다. 즉, 영어 어순에 숨어 있는 **[시공간 차례가기 원리], cause and effect(인과관계), zoom in 혹은 zoom out의 차례가기 원리, 그리고 소유영역** 등에 대한 깨달음이다.

이제 원어민의 구사 감각을 익히도록 하자.

시 공 간 차 례 가 기 영 어

PART 02

기본 문형으로
[시공간 차례가기 원리]
이해하기

STEP 1. 1형식 – 단순 동작 및 위치 이동 표현

STEP 2. 2형식 – be동사가 있는 문형

STEP 3. 3형식 – 소유의 개념을 바탕으로 한 기본 표현

STEP 4. 4형식 – 4형식 문형으로 된 「~을 주다」 표현

STEP 5. 5형식 – 영어의 4% 정도를 차지하는 5형식의 원형부정사

조 동 진 의 영 어 학 습 법
시 공 간 차 례 가 기 영 어

PART 02

기본 문형으로
시공간 차례가기 원리
이해하기

STEP 01

1형식

단순 동작
및
위치 이동 표현

STEP 01 1형식 – 단순 동작 및 위치 이동 표현

1. They come here.
→ 그들이 여기로 온다.

장소 이동은 소유 목적을 위한 수단이다.

예를 들면, 옆집의 친구를 만나기 위해, 학교에서 공부하기 위해 그리고 교회에서 예배하기 위해 장소 이동은 필수적이다.

우측 장면을 자세히 살펴 보자.

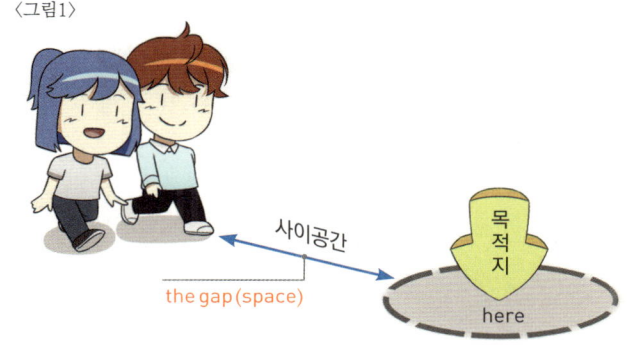
〈그림1〉

첫째, 주인공들(They)이 바라보고 있는 앞쪽에 도달해야 하는 목적지(here)가 있다. 그리고 주인공들과 목적지 사이에는 '사이공간/the gap(space)'이 있다.〈그림1〉

〈그림2〉

둘째, 위 장면의 주인공들과 목적지 사이에 있는 사이공간 'the gap(space)'에서 '오다(come)'라는 행위가 일어난다.〈그림2〉

Q. 원어민은 이 장면에서 어떻게 시선을 움직여 인지하고 영어로 구사할까요?

〈그림3〉

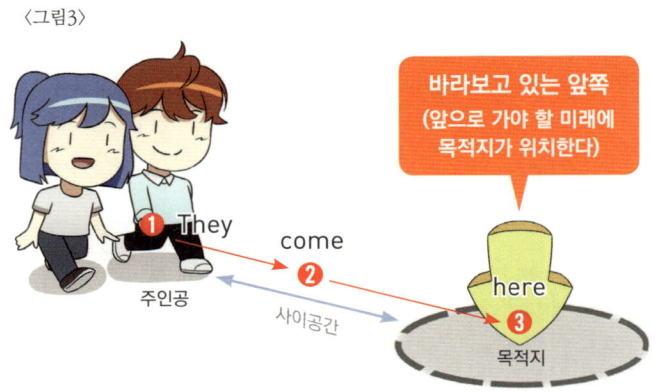

위 〈그림3〉에서 알 수 있듯이

1. 공간 차례가기

'① 주인공들 → ② 사이공간 → ③ 목적지'와 같이 **'공간 차례가기'** 순서로 시선을 움직이며, 사건을 인지한다.

2. 시간 차례가기

주인공들이 행위를 수단으로 하여 목적지를 소유하는 **'사건 진행 순서'** 즉, **'시간 차례가기'** 순서로 시선을 움직이며, 사건을 인지한다.

3. 종합하면

영어는 사건발생 장면 혹은 상상한 장면을 **[시공간 차례가기 원리]**로 인지하고 구사한다.

〈그림3〉을 ① → ② → ③ 순번에 따라 시선을 차례가기로 스캔하면서 해당 어휘를 말하면, "They come here."라는 문장이 완성된다.

이것이 바로 영어 교육의 핵심이다

시공간 차례가기 원리를
깨닫고 체득하는 것이
여러분의 뇌에 영어 회로를 만드는 것

"덧붙이는 말"

① **앞의 그림을 원어민이 [시공간 차례가기 원리]로 이해하는 것은** 복사기나 스캐너가 왼쪽에서 오른쪽으로 순차적 차례가기로 그림을 인식하는 것과 [두루마리 그림(사건발생장면)]이 왼쪽에서 오른쪽으로 쭉 펼쳐지면서 그림의 정보가 순서대로 인지되는 것과 같은 원리이다.

② **영어 문장은 장면으로 이해하라.**
우리말 해석은 필요하지 않다.
영어 어순 자체가 〈그림3〉과 같이 순서대로 연상을 가능하게 해 준다.

2. I go to Seoul.
→ 나는 서울로 간다.

영어 어순
[시공간 차례가기 원리]

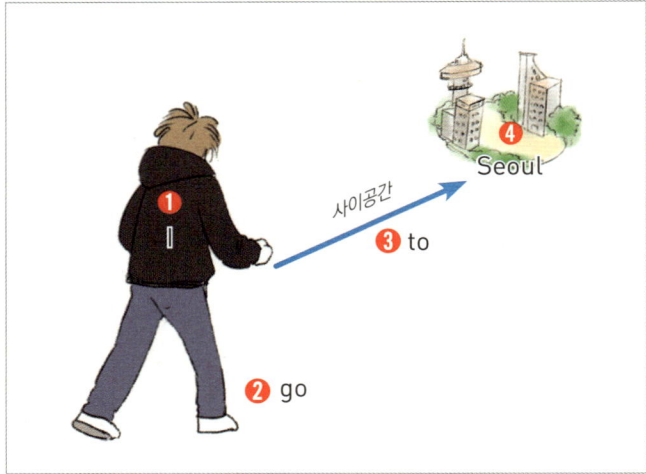

주인공(I)이 목적지인(Seoul)로 가는 장면이다.

어떤 과정을 통하여 목적을 이루는지 시간과 공간을 염두에 두고 생각해 보자.

1) 주인공(I)과 목적지(Seoul) 사이에는 '사이공간'이 존재한다.

2) 그 '사이공간'에서 주인공(I)으로부터 나온 'go'라는 행위가 먼저 발생하고, 그 결과 'to(의도한 곳으로 이동하여 닿는)' 상태가 된다.

3) 위 장면을 보면서, 주인공(I)에 딸린 정보를 [시공간 차례가기 원리]로 인지하고 구사하면 된다.

그러면, I go to Seoul.이라는 문장이 자동으로 완성된다.

PART 02 _ 기본 문형으로 시공간 차례가기 원리 이해하기

3. The fly moved very slowly.
→ 파리가 매우 느리게 움직였다.

영어 어순
[시공간 차례가기 원리]

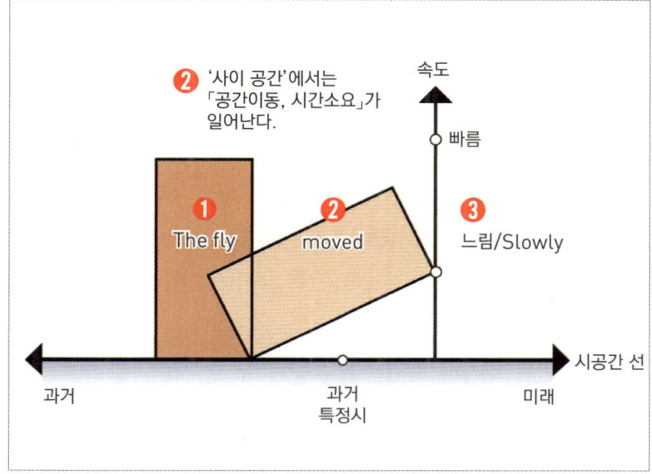

모든 움직임은 반드시 장소 또는 위치 변화를 가져오며, 그 변화는 시간 이동을 동반한다. 더더욱 움직임(동작)에 대한 판단은 움직임이 일어난 후에나 가능하다.

예를 들면, 100m 달리기할 때 속도를 측정하는 것과 같다. 즉,

 이해하기

화자의 결과 판단선의 위치는 The fly보다 앞쪽(미래쪽)에 있다.

① **The fly가** ㄱ

② **moved(움직이다) 한 후에나** ㄱ

③ **very slowly(매우 느리다)라는 「움직임에 대한 화자의 판단이 가능하다」는 것이다.**

이러한 순서가 그대로 영어 어순에 반영되었다.

한마디로 정리하면,
[시공간 차례가기 원리]가 적용된 것이다.

쉬어 가기

단순 동작(행위)이나 위치 이동 표현(1형식)이 포함된 재미있는 Joke

A scientist did an experiment. He tested a fly. He tested its hearing. He cut off something. It was one of the fly's legs. Then he spoke to the fly. He told it to move. **The fly moved. It moved very slowly.** The scientist cut off all the legs. They were the fly's legs. Then he spoke again to the fly. He told it to move. The fly didn't move. The scientist wrote. He wrote his results. This was the result: If you cut off all the fly's legs, he can't hear.

→ 한 과학자가 실험을 했다. 그는 파리를 시험했다. 그는 그것의 청력을 시험했다. 그는 뭔가를 잘라냈다. 그것은 파리의 다리 중 하나였다. 그리고는 파리에게 말했다. 그는 파리에게 움직이라고 했다. 파리가 움직였다. 그것은 매우 천천히 움직였다. 그 과학자는 모든 다리를 잘라냈다. 그것들은 파리의 다리였다. 그리고 나서 그는 파리에게 다시 말했다. 그는 파리에게 움직이라고 했다. 파리가 움직이지 않았다. 과학자는 썼다. 그는 결과를 썼다. 결과는 다음과 같다: 파리의 다리를 모두 잘라내면, 그는 들을 수 없다.

알아둡시다

원리이해
부사의 역할

The fly moved very slowly.

위 예문에서 동사(움직임)에 대한 판단을 'slowly'라는 부사로 표현하고 있다.

「부사는 주어로부터 나온 행위(움직임)의 또 다른 모습으로 행위(동작)가 갖고 있는 상태를 표현한다.」 그러므로 부사는 동사를 수식한다.

PART 02 _ 기본 문형으로 시공간 차례가기 원리 이해하기

학습보조자료 | Syntactic cue system.
그림을 순서대로 읽으면 영어 어순이다 - 시공간 차례가기 원리

1형식(단순이동표현)

인간은 이동을 통해서 의도한 곳(목적지)으로 오고 가거나 혹은 의도한 행위를 할 수 있다. 이동은 우리 삶의 기본인데, 여기서 가장 기본이 되는 come(전면을 노출하고 접근해 오다)과 go(등을 보이며 멀어져 가다)를 알아보자.

1. Come 〈접근해 오다〉

'come'은 관찰자(혹은 화자)가 보기에 어떤 물체 혹은 사람이 관찰자(화자)를 향해 앞모습을 보이며 가까이 접근하는 이미지이다.

1) come down

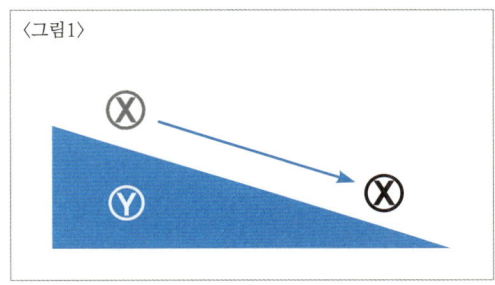 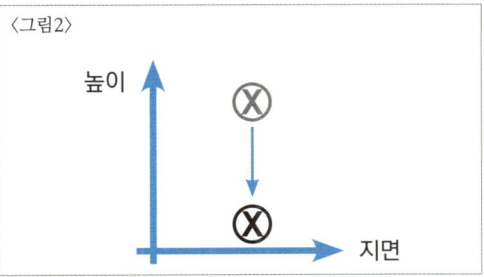

여기서 'down'은 '높은 곳에서 낮은 곳으로'라는 뜻의 부사로 쓰였다.
인간의 의식 속에는 실제 지형뿐만 아니라, 추상적인 장소(지위 등)도
위와 아래라는 개념을 가지고 있다.

'실제 지형이 높은 곳에서 낮은 곳으로', '위층에서 아래층으로'
'윗동네에서 아랫동네로', 그리고 '지위가 높은 곳에서 낮은 곳으로' 등등

다음과 같은 말을 통해서도 그것을 알 수 있다.
"시골에서 서울로 상경했어!", "윗동네에서 왔어요." 등

I came down.
→ 나는 내려왔다.

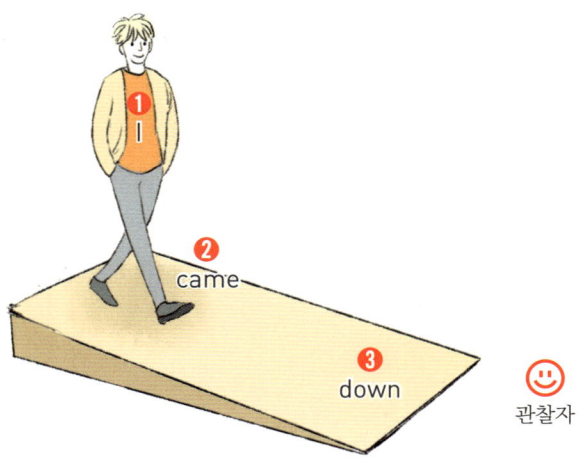

예 Just then Powell's mother *came down* the garden.
바로 그때 파월의 어머니가 정원을 내려왔다.

2) come in

X in Y에서 in은 'X가 Y(3차원 용기 혹은 어떤 영역) 안에 위치하다'라는 뜻의 전치사이다.

I came in.
→ 나는 안으로 들어왔다.

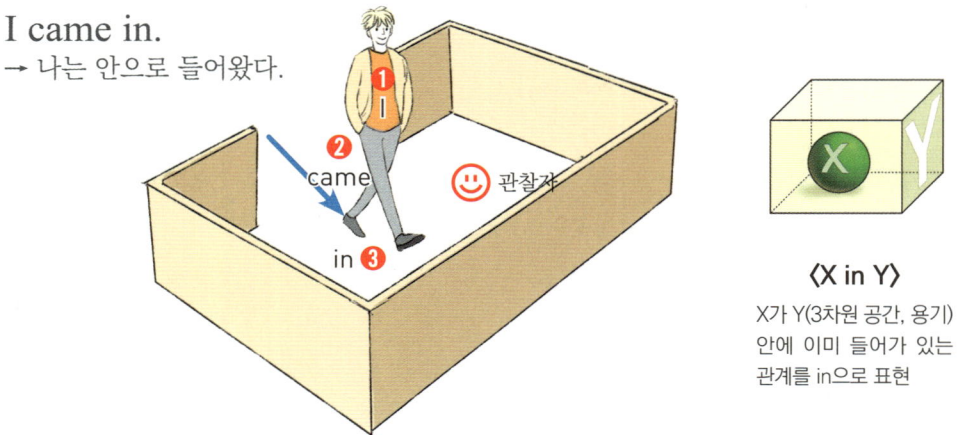

⟨X in Y⟩
X가 Y(3차원 공간, 용기) 안에 이미 들어가 있는 관계를 in으로 표현

예 Mr. Powell Liversage, the solicitor, *came in.*
변호사인 파월 리버시지가 들어왔다.

3) come into

I came into the room.
→ 방에 들어왔어요.

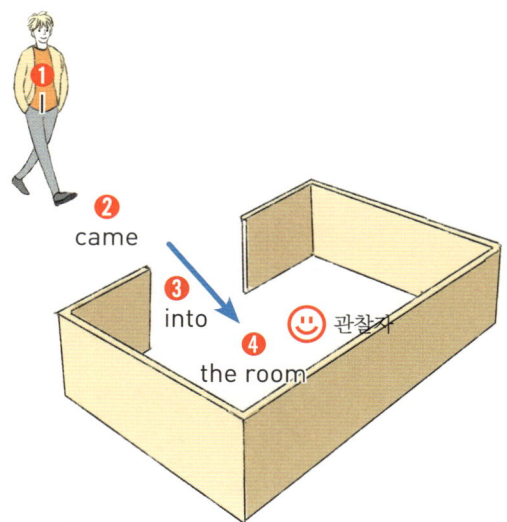

예 At six o'clock Maggie *came into* the room.
6시에 매기가 방으로 들어왔다.

4) come out of + 장소

'into'와 반대의 뜻으로, **X out of Y**는 out of 'X가 Y(3차원 용기 혹은 어떤 영역) 안에 밖으로 나오다'라는 뜻의 전치사로 사용된다. (out of 군집 전치사)

I came out of the church.
→ 저는 교회에서 나왔습니다.

out of

⟨X out of Y⟩
X가 Y의 영역 안에서 밖으로 (빠져) 나오거나 벗어나 있음을 out of로 표현

예 You mustn't speak to me when *I come out of the church*.
내가 교회에서 나올 때 당신은 나에게 말을 걸면 안 돼요.

5) come to + 장소(목적지)

He's coming to Seoul.
→ 그는 서울로 오고 있는 중이다.

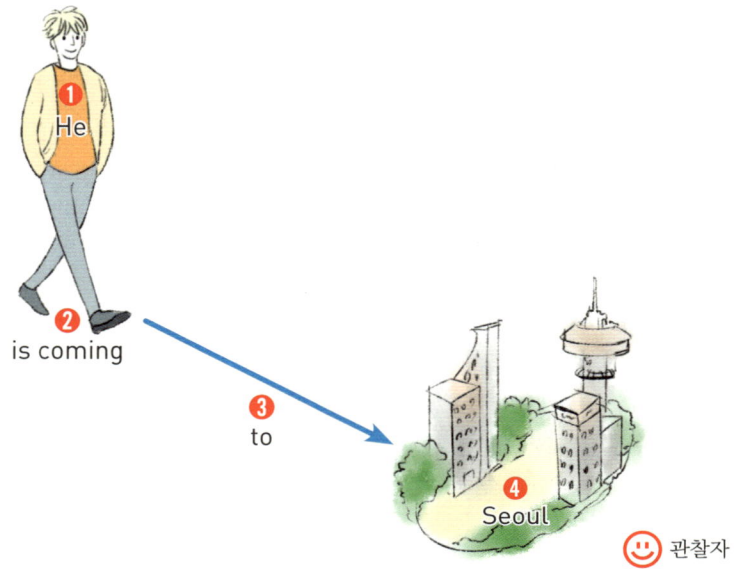

📖 Agnes was *coming to Bursley* for Christmas!
아그네스가 크리스마스에 버즐리에 오기로 했다.

6) come to + 동사 (목적으로 하는/가서 닿아야 할 행위)

앞의 표현 '5) come to + 장소(목적지)'의 변형으로 목적지 대신 미래에 해야 할 일(목적으로 한 일)이 오는데, 미래에 해야 할 일은 〈to + 동사 원형〉으로 표현한다.

He came to see me yesterday.
→ 그는 나를 보기 위해 어제 왔었다.

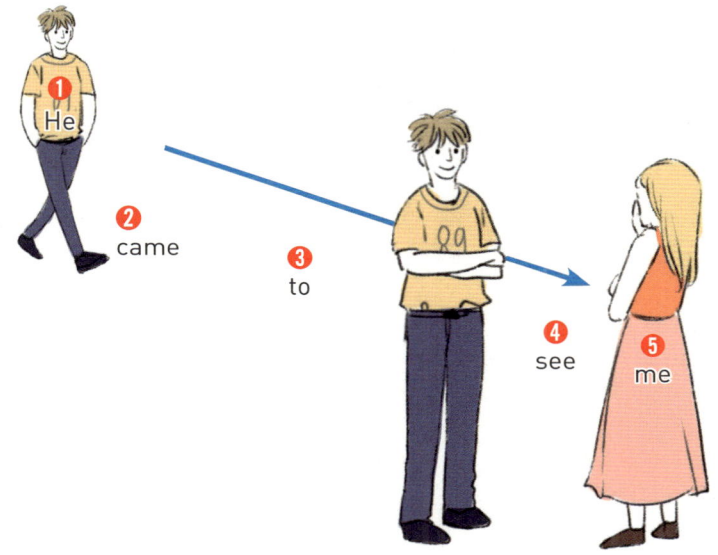

Tip 그는 먼저 오는 행위를 한 후에 나를 보는(접견하는) 행위를 한다.
(동작의 선·후관계)

예 Mr. Liversage is *coming to* visit.
리버시지씨가 방문하러 오십니다.

2. Go 〈멀어져 가다〉

관찰자(혹은 화자)가 보기에 'go'는 어떤 물체 혹은 사람이 뒷모습을 보이며 멀리 사라져 가는 이미지이다.

1) go to + 장소(목적지)

I go to Seoul.
→ 나는 서울에 간다.

예 Sir. Jee went to the window.
　 Jee 선생이 창문으로 간다.

I went upstairs to my bedroom.
→ 나는 위층으로 올라가 내 침실로 갔다.

예 I must go to the post office.
　 나는 우체국에 가야 한다.

2) go out of + 장소

She's just gone out of the room.
→ 그녀는 방금 방에서 나갔다.

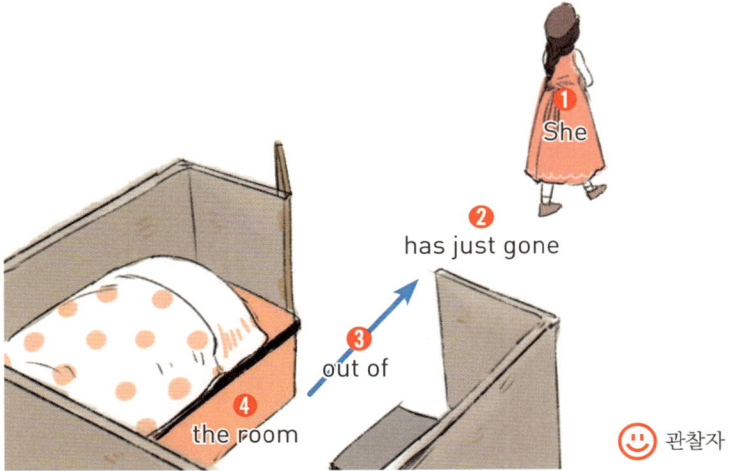

3) go into + 장소

He goes into the bathroom.
→ 그는 욕실로 들어간다.

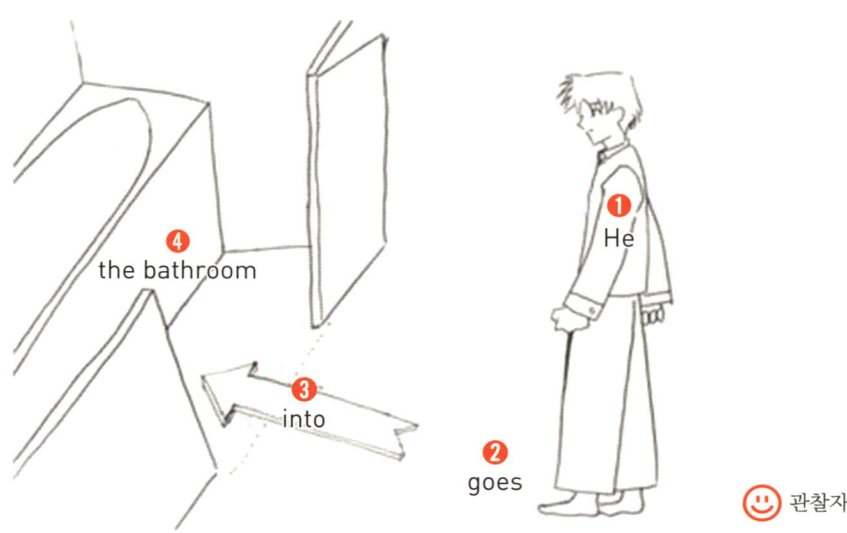

She went into the house.
→ 그녀는 집 안으로 들어갔다.

예 I shall go *mad*.
나는 미쳐버릴 것이다.

예 Sir. Jee went to *bed*.
Jee 선생은 자러 갔다.

예 He went *fishing* at the weekends.
그는 주말에 낚시하러 갔습니다.

구체적으로 가는 모습들 – 어찌하여 가다 동사들

1. Walk 〈걷다〉

He was walking into the town.
→ 그는 마을로 걸어 들어가는 중이었다.

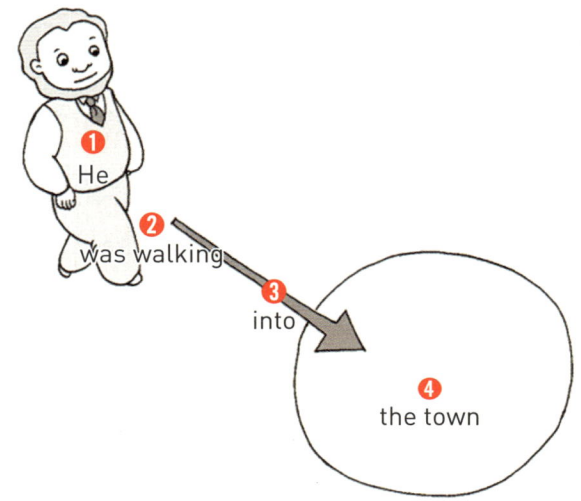

He walked round to the pub.
→ 그는 술집으로 돌아 들어갔다.

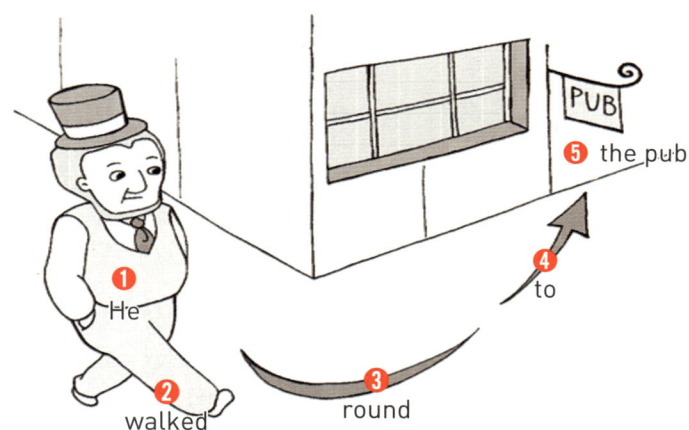

Tip _ 영국 영어는 around와 round를 흔히 동일한 의미로 사용지만, 미국 영어는 around만 사용한다.

He walked around the table.
→ 그는 테이블 주위를 걸었다.

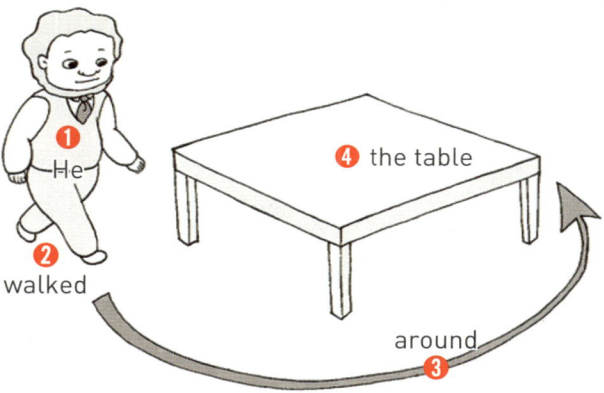

예 He walked on, into smaller streets, and at last came to Child Row.
    그는 계속 걸어서 더 작은 길들로 들어갔고, 마침내 Child Row에 다다랐다.

예 He traveled into the town.
    그는 시내로 여행을 갔다.

2. Run 〈뛰다〉

He ran to the door.
→ 그는 문으로 달려갔다.

3. Move 〈움직이다 / 움직여 가다〉

She moved away from him quickly.
→ 그녀는 그에게서 재빨리 멀어졌다.

4. Return to 〈~로 되돌아 가다〉

He returned to the train.
→ 그는 기차로 돌아왔다.

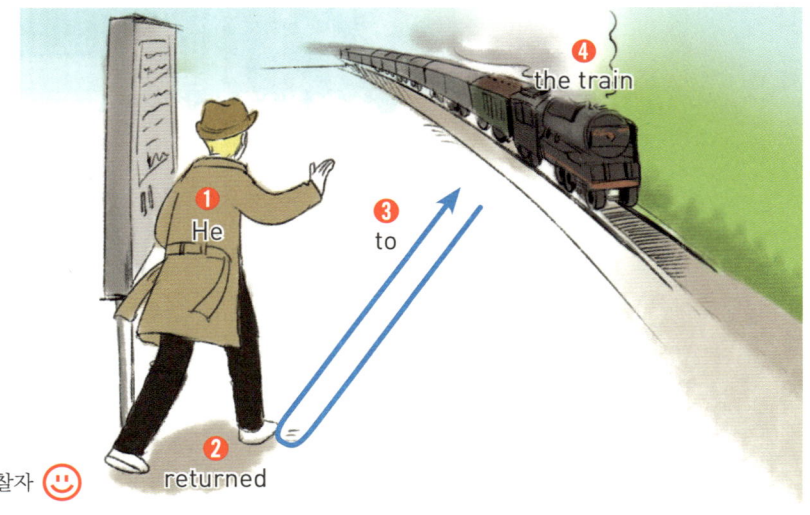

5. Leave 〈떠나다〉

He was leaving Turnhill station.
→ 그는 Turnhill역을 떠나고 있었다.

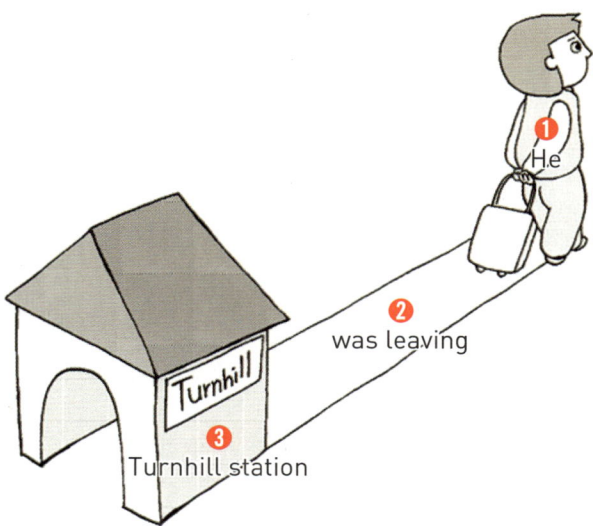

조 동 진 의 영 어 학 습 법
시 공 간 차 례 가 기 영 어

PART 02

기본 문형으로
시공간 차례가기 원리
이해하기

STEP 02

2형식
be동사가 있는 문형

PART 02 _ 기본 문형으로 시공간 차례가기 원리 이해하기

STEP 02

2형식 – be동사가 있는 문형

1. It is bright.
→ 밝다.

영어 어순
[시공간 차례가기 원리]

※ 조도계의 사전적 의미
조도명도를 재는 계기.
눈금은 럭스(lux)나 칸델라(cd)로
표시하며, 분광 감도가 표준 비시
감도에 가깝도록 보정한 광전지나
광전관의 출력 광전류로 바늘을
움직인다.

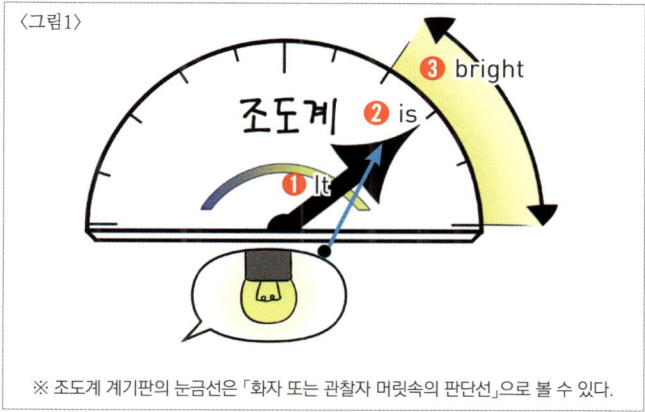
〈그림1〉

※ 조도계 계기판의 눈금선은 「화자 또는 관찰자 머릿속의 판단선」으로 볼 수 있다.

위 〈그림1〉은 '조도계로 빛의 밝기를 측정하고 판단하는 장면'을 묘사하고 있다.
예문 'It is bright.'라는 문장과 일치한다.

빛의 밝기를 측정하는 조도계 본체에 감지된 빛을 대신하는 '바늘'(❶ It) → 그 바늘이 0에 있다가 반응하여 움직인 최종결과로서 존재하며 가리키고 있는 '교차점(❷ is)' → '밝은'(❸ bright)이라는 속성 영역이다.

참고 : 조도계뿐만 아니라 온도계, 저울, 스캐너, 복사기 등은 원어민의 언어 체계가 투영된 발명품들이다.

🖋 알아두기

① 〈X+be동사+Y〉
be동사는 우리말과는 달리 왜 어순의 가운데에 위치할까?
be동사는 개체X와 속성영역Y를 연결하기 때문에 X와 Y사이에 오는 것이다.

② be동사의 기본 의미
움직임 혹은 상태변화 후 특정 시점에 어떤 상태로 존재하고 있음을 표현
(link verb)

'① 바늘 → ② 바늘이 존재하여 가리키는 교차점 → ③ 계기판의 영역' 순으로 시선을 순서대로(차례가기) 공간 이동(스캔)하면서 읽으면 영어 문장 완성!

STEP 02 · 2형식으로 이해하기 _ 55

2. I'm full.
→ 나는 배 불러요.

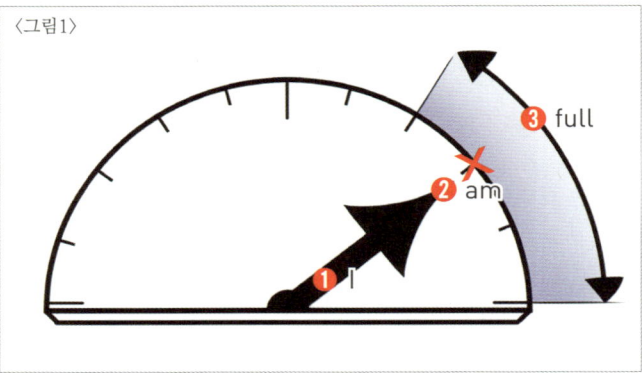

〈 자동차의 연료 계기판 〉

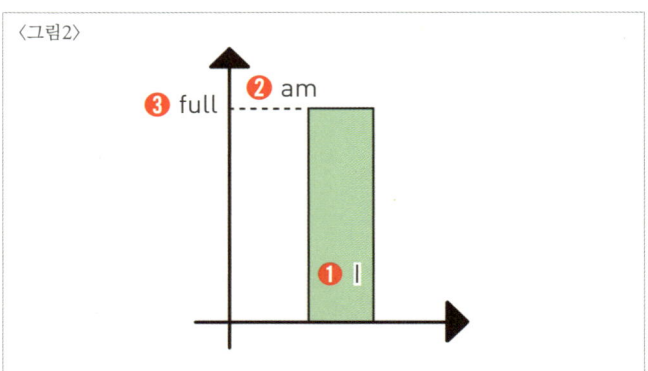

〈 막대 그래프 〉

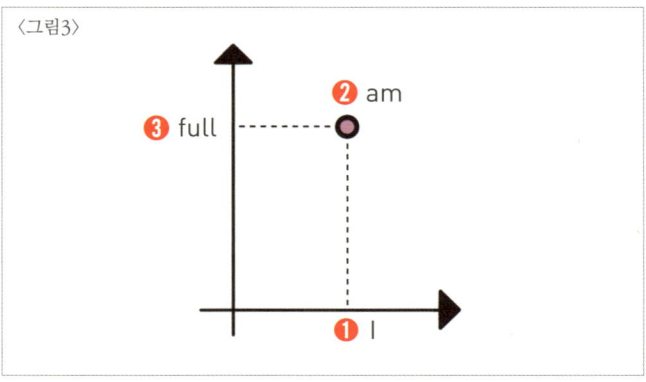

〈 좌표 〉

왼쪽의 그림들에서 볼 수 있듯이 'I'm full.'을 여러 가지 그래프로 표현할 수 있다.

▶ be동사

움직임 또는 상태변화 후 최종적으로 존재하는 상태를 의미하며, 그림에서 교차하여 존재하는 점 혹은 선으로 표현된다.

❶ I → 내가
❷ am → 음식을 먹음으로 점점 배가 불러와서 (상태변화) 최종적으로 존재하여 가리키는
❸ full → 가득찬 상태 영역

위 문장의 영어 어순은 '① 힘이 발생하여 방향성을 갖고 움직일 수 있는 주체가 ② 계속 움직임(변화)을 갖는 중 어느 한 시점에서 상응하여 도달하는(존재하는) ③ 그곳(장소, 상태)'까지 **연이은 공간 위치 순서대로 순차적으로 표현**'하여 「개체가 존재하는 상태」를 표현하고 있다.

「주어진 번호와 안내선」을 따라 시선을 순서대로(차례가기)로 공간 이동(스캔)하면서 읽으면 영어 문장 완성!

3. I am a student.
→ 나는 학생이다.

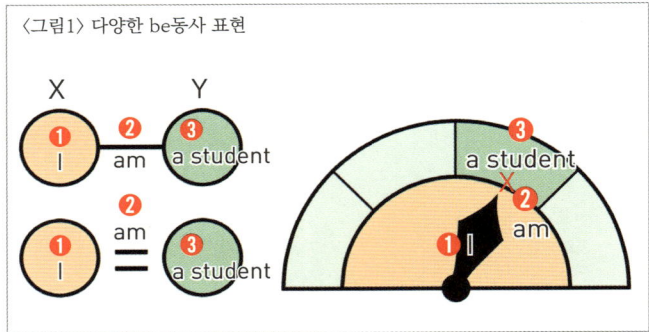

위 〈그림1〉은 '나는 학생이다.'라는 표현을 여러 장면으로 묘사했다.

be동사는 그림에서처럼 점이나 선, 가리키는 선, 빗금, X와 같은 겹침 표시 등 다양하게 표현할 수 있다. 그렇지만 중요한 것은 be동사는 'X be Y'라는 문장에서 X와 Y 사이에 놓여 사이관계(연결)를 나타낸다는 것이다.

따라서, 어순도 이를 반영하여 [① X → ② be → ③ Y]이다.

조도계·계기판·판단선의 눈금은 「화자 또는 관찰자 머릿속의 판단선」과 일치한다.

장면으로 이해하고, 그 장면을 [시공간 차례가기(순차 이동)]로 스캔하며 구사하면 영어 문장 완성!

4. My school is near the river.
→ 나의 학교는 강가에 있다.

영어 어순
[시공간 차례가기 원리]

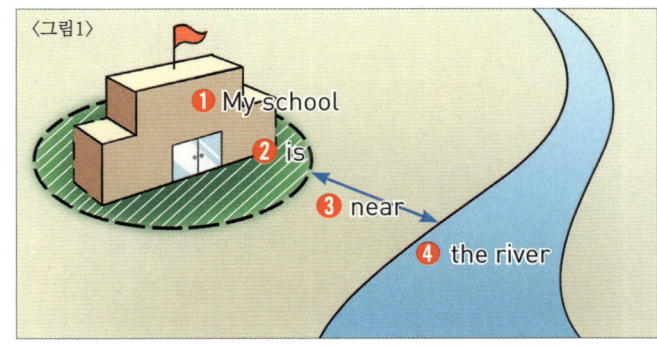
〈그림1〉

우리는 무엇이 시공간에 존재함을 표현할 때 좌표(점)나 빗금, 교차점 등을 사용한다. 레이더의 점이나 도표의 점을 예로 들 수 있다. 위 〈그림1〉의 학교가 있는 위치의 빗금은 학교가 특정 장소를 차지하고 존재하고 있음을 나타낸다.

❸ near가 사이에 위치하는 이유

학교가 존재하고 있는 지점 is(be동사)와 'the river(강)' 사이에 'near(가까운)'라는 전치사가 위치하는데 이는 그 위치에 그 전치사만큼의 사이공간 즉 가까운 거리가 존재하기 때문이다.

❶ My school → 나의 학교
❷ is → be부분동사
    = 나의 학교가 차지하고 존재하는 지점
❸ near → 근처 : 학교의 존재 지점과 강 사이의
           거리가 가까움을 표현하는 전치사
❹ the river → 강

장면으로 이해하고, 그 장면을 [시공간 차례가기(순차 이동)]로 스캔하며 구사하면 영어 문장 완성!

지혜의 샘

그래프나 도표, 조도계·계기판·판단선의 눈금 등은 실생활에서 많이 접하게 된다.

위와 같은 것들은 사람의 생각(사고)을 표현하는 또 다른 언어의 모습이다. 우리는 일반적 언어를 통해 사고하는데 그 사고를 묘사한 그래프는 별개의 것이 아니고 언어와 밀접한 관계를 가지고 있다.

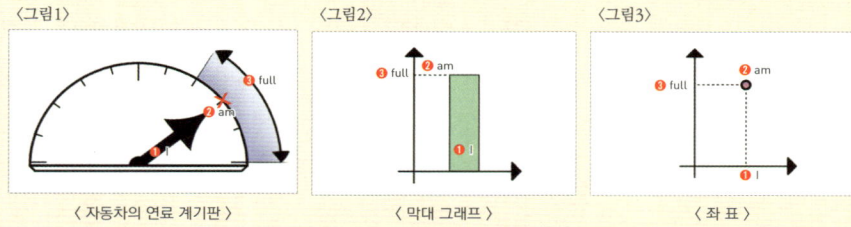

⟨그림1⟩ ⟨자동차의 연료 계기판⟩   ⟨그림2⟩ ⟨막대 그래프⟩   ⟨그림3⟩ ⟨좌표⟩

위의 ⟨그림 1, 2, 3⟩과 같은 그래프들을 통해 언어의 모습을 들여다볼 수 있는데, 이를 이용할 수 있는 지혜가 필요하다.

「개체가 존재하는 상태(2형식)」를 표현하는 영어 어순은 【[① 힘이 발생하여 방향성을 갖고 움직일 수 있는 주체가 ② 계속 움직임(변화)을 갖는 중 어느 한 시점에서 상응하여 도달하는(존재하는) ③ 그곳(장소, 상태)]까지 **연이은 공간 위치 순서대로 순차적으로 표현**】하고 있다.

위의 그림을 보고서

　　원어민들은 ❶ → ❷ → ❸ 순으로,
　　한국인들은 ❶ → ❸ → ❷ 순으로 표현하는 것뿐이다.

PART 02 _ 기본 문형으로 시공간 차례가기 원리 이해하기

5. It tastes good.
→ 그것은 맛있다.

영어 어순
[시공간 차례가기 원리]

위 장면은 '그것은 맛있어!'라고 판단하는 장면이다.

be동사 대신 'tastes(판단, 수단)'를 사용하여 응용한 것이다. 물론 be동사를 써서 'It's good.'이라는 표현을 쓸 수도 있다.

[어떤 대상을 대신하는 그것(❶ It)을 → 맛보니(❷ tastes 판단 수단) 가리키는 곳은 → 내 머리 속 판단 기준선상의 '좋은'이라는 속성영역(❸ good)]

• 〈그것을 → 맛보니 → 좋다〉라고 판단하는 장면

장면으로 이해하고, 그 장면을 [시공간 차례가기(순차 이동)]로 스캔하며 구사하면 영어 문장 완성!

STEP 02 • 2형식으로 이해하기 _ 61

6. be동사의 친구 become

1) He became a merchant.
→ 그는 상인이 되었다.

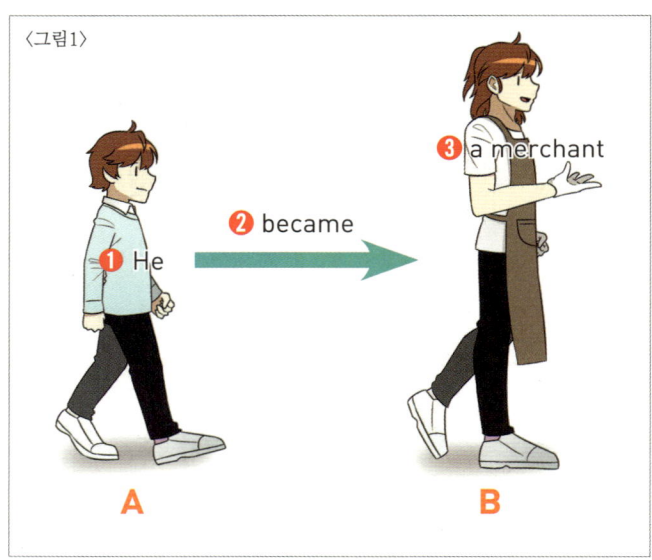

〈그림1〉

A상태에서 변화를 일으켜 최종적으로 B상태 되다 – 장면이다.
　행위나 변화의 주체(주어)는 점점 상태변화를 일으켜(자라거나 성장해서) 결국 특정시점의 상태(상인)가 된다. 여기에는 시간 흐름과 상태라는 장소 변화가 존재한다.

become의 뜻은 'come or grow to be(~이 되다.)'이다.

※ 「미래에 ~이 되다」는 become을 쓰지 않고 「will be」를 쓴다.

-
장면으로 이해하고, 그 장면을 [시공간 차례가기(순차 이동)]로 스캔하며 구사하면 영어 문장 완성!

2) become의 가족들

become과 같이 상태의 변화를 나타내는 동사는 앞에서 소개한 be, will be를 포함해서 get, make, come, grow, fall, stand, stay, lie, turn 정도이다.

Come back before it *is* dark.
어둡기 전에 돌아오너라.

He *will be* a doctor.
그는 의사가 될 것이다.

She is *getting* old.
그녀는 늙어가고 있다.

The string *came* undone[untied].
실이 풀어졌다.

He *grew* weary.
그는 지쳐갔다.

It *falls* calm.
바람이 잔다.

The door *stood* open.
문이 열려진 상태에 있다.

She *stays* young.
그녀는 언제나 젊다.

The old man *lay* dead.
그 늙은이는 죽었다.

She *turned* Christian.
그녀는 기독교인이 되었다.

조동진의 영어학습법
시공간 차례가기 영어

PART 02

기본 문형으로
시공간 차례가기 원리
이해하기

STEP 03

3형식
소유의 개념을 바탕으로 한
기본 표현

PART 02 _ 기본 문형으로 시공간 차례가기 원리 이해하기

STEP 03 3형식 - 소유의 개념을 바탕으로 한 기본 표현

> SVO어순은 영어의 가장 기본이 되는 구조이다. 여기에 언제, 어디서, 어떻게 등의 배경이 되는 내용을 덧붙여 더욱더 생생하게 묘사하기도 한다.

「S + V + O + (부사구/배경)」이라는 구조는 전체 영어 문장의 60% 이상으로 매우 중요하다.

1. Mary pushed a baby carriage.
→ 메리는 유모차를 밀었다.

3형식 문형(SVO 어순)은 힘의 [시공간 차례가기 원리]로 되어 있다.

실제 장면을 갖고 이야기해보자.

> 영어 어순
> [힘의 시공간 차례가기 원리]

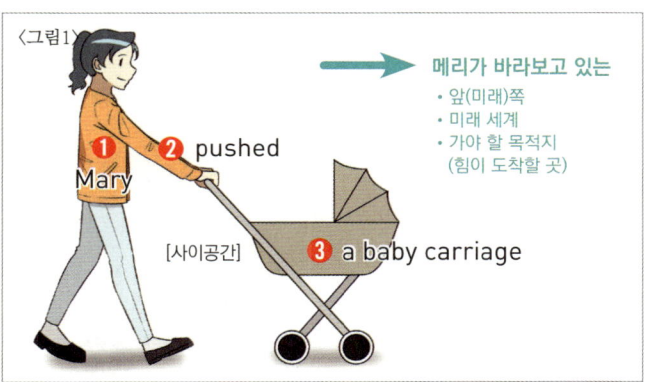

〈그림1〉에서 'Mary'와 'a baby carriage(유모차)' 사이의 [사이공간]에는 'pushed'라는 동작이 존재한다.

그리고 ① 주어(Mary)에서 발생한 힘이 → ② 행위(pushed)를 통해 → ③ 목적어(a baby carriage)에 영향을 미친다. 이것이 영어 어순에 반영된 것이다.

➡ [힘의 시공간 차례가기 원리]

따라서, 설명하고자 하는 대상(① 주어)에 연이어 딸린 정보(② 동사 + ③ 목적어)를 [시공간 차례가기 원리]로 스캔하며 해당 어휘를 말하거나 글로 쓰면 된다.

STEP 03 · 3형식으로 이해하기 _ 67

① Mary → ② pushed → ③ a baby carriage.

결론적으로, 원어민들은 힘의 [시공간 차례가기 원리]로 장면을 스캔하며 인지하고 구사한다.

이것이 영어를 작동시키는 'English Mind'이다. 또한, 그것을 알고 그렇게 생각하는 것을 'Thinking in English'라고 한다.

참고
우리말 어순

〈그림2〉

위 〈그림2〉에서 볼 수 있듯이, 우리말 어순은 화살표를 따라가며 읽는 순서와 같다. 우리말 어순대로 그림을 배치하면 아래 〈그림3〉과 같다.

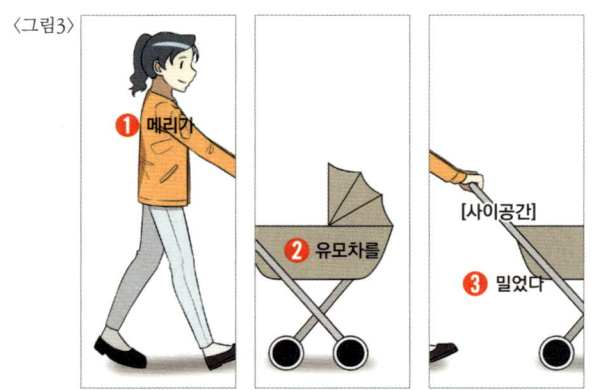

〈그림3〉

우리말은 목적격 조사 '-를'이 붙어 있기 때문에 어순이 자유롭지만, 격조사가 없는 영어는 어순을 우리말 어순으로 바꾸면 장면(그림)이 깨진다. 그래서 영어는 어순을 바꾸면 안 된다.

PART 02 _ 기본 문형으로 시공간 차례가기 원리 이해하기

 **Tip**   **장면으로 이해하고 구사하라**
I see.
I got the picture.

원어민들이 사용하는 표현이다. 왜 그들이 이런 표현을 쓸까? 이러한 표현은 원어민들이 장면으로 인식하기 때문에 나온 표현이다.

그림 '사건 장면(내용)'을 눈으로 인식하는 속도는 빛의 속도와 같다. 우리말로 굳이 해석할 필요도 없고 해서도 안 된다. 원어민들은 그저 사건이 일어난 장면을 보고 이해하며 바로 영어로 생각하고 구사할 뿐이다.

이것이 바로 [시공간 차례가기 원리]이다.

2. The cat scratched the curtain.
→ 고양이가 커튼을 할퀴었다.

영어 어순
[시공간 차례가기 원리]

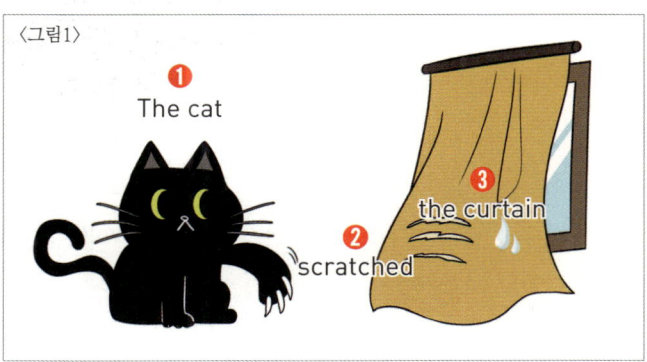

〈그림1〉을 보고, 「주어진 번호와 안내선」을 따라 [시공간 차례가기 원리]로 스캔하면서 적절한 어휘로 변환하면, 「① The cat ② scratched ③ the curtain.」이라는 문장이 자동으로 완성된다.

이론적으로 「차례가기 원리」보다 더 쉬운 방법은 없다.

조동진의 차례가기 영어

3. 3형식 + 부사구

'S+V+O+부사구'에서 부사구는 언제, 어디서, 어떻게 등 배경에 해당하는 내용이다.

영어는 기본 3형식에 부사구라는 배경을 덧붙여 더욱 사건을 생생하게 묘사할 수 있는 것이 매력인데, 배경은 어떤 배열 원칙을 갖고 있을까?

1) The cat scratched the curtain in the living room.
→ 고양이가 거실의 커튼을 할퀴었다.

영어 어순
[시공간 차례가기 원리]

〈그림1〉

〈그림1〉이 묘사한 「The cat scratched the curtain.」이라는 사건을 X라고 보자.

어휘설명[1]

spotlight

무대에서 좁은 특정 지역을 밝게 비추는 조명이다.
이 조명은 여러분의 시각의 초점을 한 곳에 모으는(집중시키는) 역할을 한다.

이 장면은 무대에서 spotlight[1]가 사건 X(=The cat scratched the curtain.)라는 장면만을 집중 조명하고 있는 것과 같다.

이제, 이러한 spotlight를 조작하여 조명하는 지역을 넓혀 보자. (Zoom Out 원리) 그러면 우리 시야에 들어오는 정보가 많아지게 된다.

무엇이 더 보이는가? 아! 주위의 배경이 눈에 들어온다. 여러분은 그 배경이 눈에 들어오는 순간 '음, 사건 X가 어디에서 일어나고 있군!'이라고 인지하게 되는 것이다.

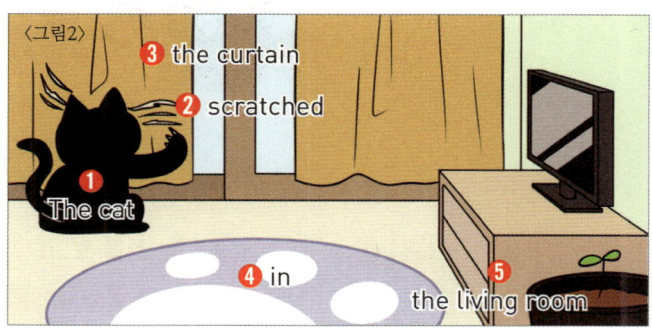

'the living room(거실)'이 눈에 들어왔다고 하고, 'the living room→Y'로 보자. 사건 X와 장소 'Y(=the living room)' 사이는 어떤 사이 관계가 있을까?

사건 X가 'the living room'의 안에서 일어난 것이다. 그래서 전치사 in을 써서 「X in Y」로 표현한다.

in

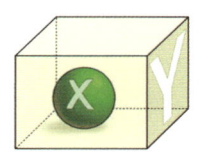

⟨X in Y⟩

X가 Y(3차원 공간, 용기) 안에 이미 들어가 있는 관계를 in으로 표현

The cat scratched the curtain **in** the living room.

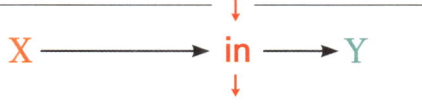

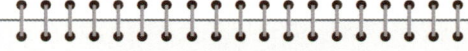

(둘의 사이관계/연관관계)

보충설명

X와 Y 사이에 전치사가 오는 이유

X와 Y 사이의 사이관계(연관관계)를 나타내기 때문에 그 가운데(사이)에 오는 것이다. 그래서 아래와 같이 표현한다.

[X → **in** → Y]

(둘의 사이관계/연관관계)

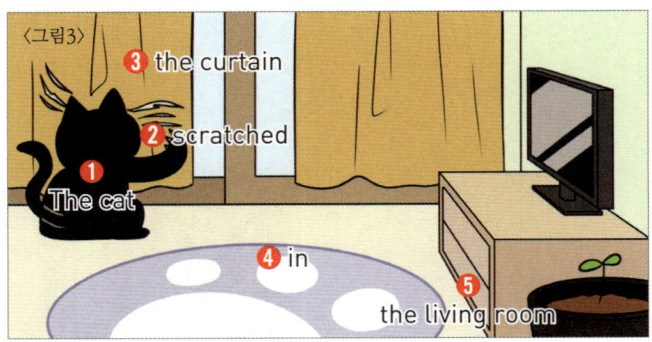

위 〈그림 3〉을 보고, 설명하고자 하는 대상(①주어)에 연이어 딸린 나머지 정보(② 동사 + ③ 목적어 ④ 배경)를 [시공간 차례가기 원리]로 스캔하며 적절한 어휘를 선택하여 글을 쓰거나 말을 하면 영어 문장 완성!

2) The cat scratched the curtain again in the living room yesterday.

→ 고양이가 어제 거실의 커튼을 또 할퀴었다.

위의 문장은 전형적이고도 일반적인 영어의 기본 구조를 갖춘 문장이다.

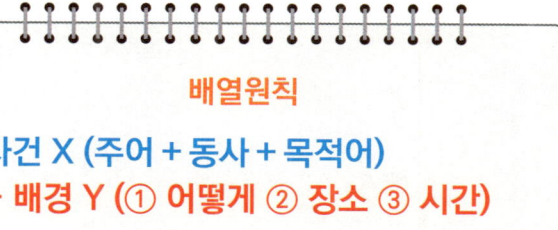

배열원칙

사건 X (주어 + 동사 + 목적어)
+ 배경 Y (① 어떻게 ② 장소 ③ 시간)

결론부터 말하면, 이러한 배열 원칙은
① Zoom Out + ② [시공간 차례가기 원리]의 지배를 받는다.

spotlight가 비추는 범위를 더욱 넓혀서 전체를 조망하면(zoom out), 배경의 내용들을 ① **어떻게** ② **장소** ③ **시간** 순으로 배열하는지 알 수 있다.

〈그림1〉

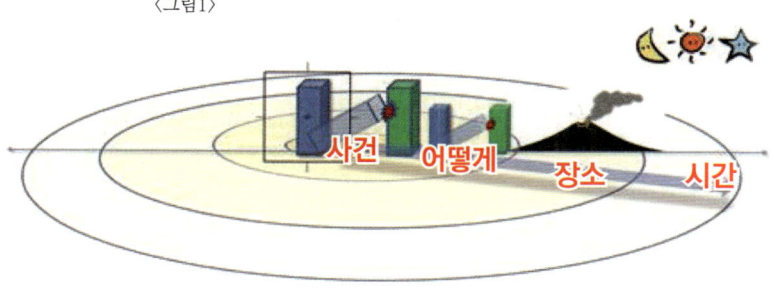

앞의 〈그림1〉에 대해 자세히 알아 보자.

배경 (어떻게)

SVO again의 모습은 SVO (SVO)의 모습과 같다. 즉, SVO란 사건이 두 번 연이어 반복해서 일어남을 묘사한 문장이다.

SVO (SVO) 중에 (SVO) 대신 그 위치에 again이라는 단어로 대체하면 아래와 같다.

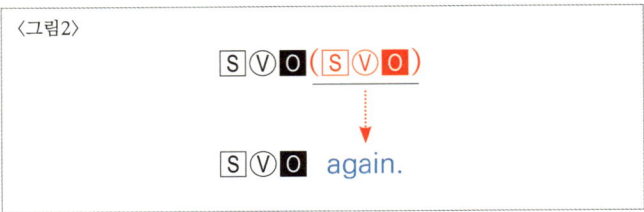

〈그림2〉

이것이 「어떻게」에 해당하는 again이라는 부사가 SVO 기본형 다음에 위치하는 이유이다 (시간순).

배경 (장소)

다음, 사건을 비추고 있는 spotlight를 조작하여 비추는 범위를 넓히면, 그 사건이 일어나는 장소가 다음으로 눈에 들어온다.

배경 (시간)

그리고 더욱 범위를 넓혀 보면, 최종적으로 해와 달이 눈에 들어온다. 해와 달은 시간과 밀접한 관계가 있다.

인간이 시계를 만들어 정확한 시간을 알고 말할 수 있게 된 지는 얼마 되지 않는다. 언어는 그것보다 훨씬 이전부터 존재하고 있었다. 시계의 발명 이전의 고대인들과 중세인들은 해와 달을 보고 시간과 날짜를 계산하고 알 수 있었다. 해와 달은 인간의 시간 표현과 매우 밀접한 관계를 가지고 있다.

| 학습보조자료 | **Syntactic cue system.**
그림을 순서대로 읽으면 영어 어순이다 - [시공간 차례가기 원리] |
|---|---|

3형식 (S + V + O : 주어에서 나오는 힘이 행위를 통해서 대상(목적어)에 영향을 미치는 표현)

우측의 〈도미노 그림〉, 〈차례가기 그림〉을 왼쪽에서 오른쪽으로 차례대로 읽으면 영어 어순이 된다.

구체적 혹은 추상적인 내용도 도미노 그림을 이용하면 이해하기 쉽다.
(3형식)

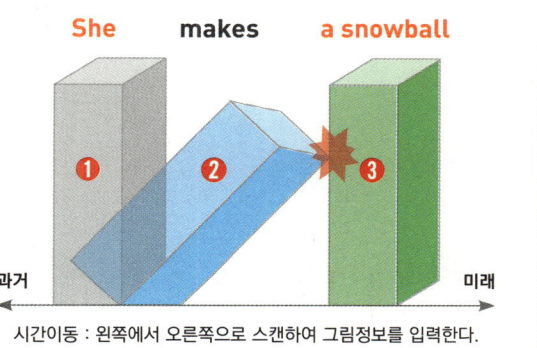

시간이동 : 왼쪽에서 오른쪽으로 스캔하여 그림정보를 입력한다.

〈 그림을 통해 시공간 차례가기 어순 감각을 익히자 〉

My boss said nothing.
→ 내 상사는 아무 말도 하지 않았다.

Agnes said yes.
→ 아그네스가 승낙했어.

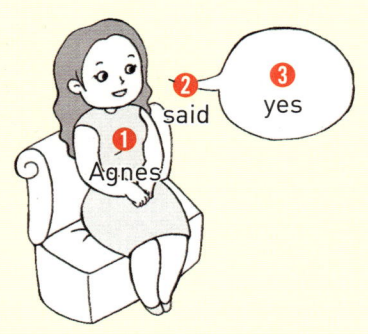

She makes pottery.
→ 그녀는 도자기를 만든다.

I took a cigarette.
→ 나는 담배를 피웠다.

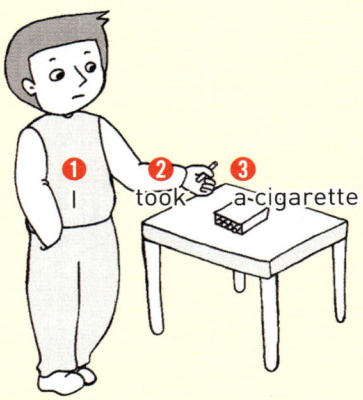

I saw her.
→ 나는 그녀를 보았다.

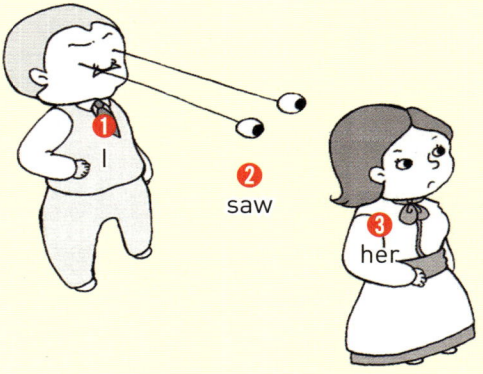

PART 02 _ 기본 문형으로 시공간 차례가기 원리 이해하기

I posted my letter.
→ 나는 편지를 부쳤다.

I painted the portrait.
→ 나는 초상화를 그렸어요.

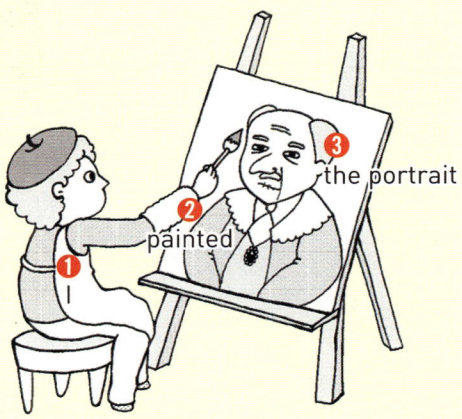

John tossed the penny.
→ 존은 동전을 던졌다.

STEP 03 • 3형식으로 이해하기 _ 77

4. 3형식 문형으로 된 '~를 주다' 표현

3형식의 '~를 주다' 표현은
소유권 이동에 관한 과정 표현이다.

1) I offered my seat to her.
→ 나는 그녀에게 내 자리를 양보해 주었다.

영어 어순
[시공간 차례가기 원리]

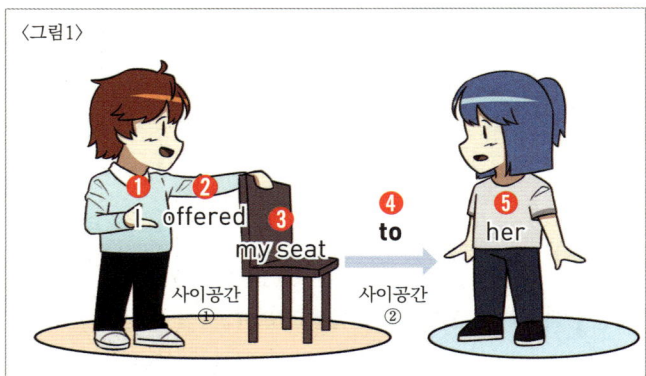

위의 〈그림1〉은 'I offered my seat to her.'를 묘사한 장면이다. 여기서 중요한 것은 「주어가 좌석을 소유하고 있는 상태에서 주어지는(제공하는) 행위가 이루어진다」는 것이다.

cause and effect 법칙

① '사이공간 ①'에서 offered(제공했다)라는 힘이 **원인**으로 작용하여
② my seat가 떨어져 있는 '사이공간 ②'를 방향성 및 목적성을 갖고 이동하는 모습 즉 to라는 **결과** 모습을 잘 묘사하고 있다.

※ 여기서 to는 나의 소유영역에서 그녀의 소유영역으로 이동을 의미한다. (소유권 이동)

주어에 딸린 정보를 왼쪽부터 순서대로(차례가기)로 읽으면 영어 문장 완성!

| 학습보조자료 | **Syntactic cue system.**
그림을 순서대로 읽으면 영어 어순이다 - 시공간 차례가기 원리 |

3형식 문형의 「~을 주다」 표현

3형식에도 「~을 주다」 표현이 있는데, 이는 소유하고 있는 어떤 물건이 주는 '원인 행위'에 의해, 그 '결과'로서 물건이 다른 사람의 소유권으로 이동하는(넘어가는) 과정을 표현한 문형이다.

Mr. Kim said nothing to his wife immediately.
→ 김씨는 아내에게 곧바로 아무 말도 하지 않았다.

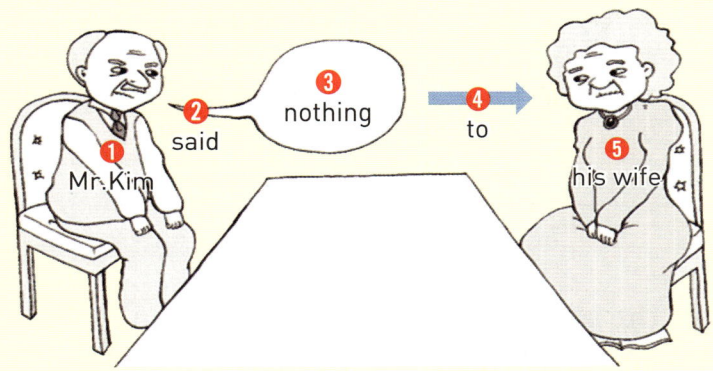

I'll describe the rooms in Sneyd Castle to you.
→ 내가 Sneyd Castle의 방들에 대하여 설명해 줄게.

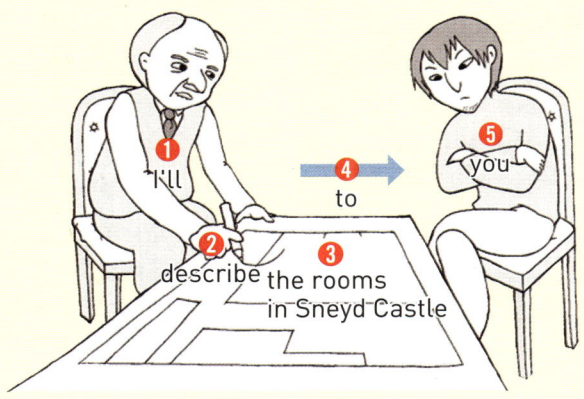

John opened the door to Mr. Kim.
→ 존은 김씨에게 문을 열어주었다.

Maggie gave the slate and its pencil to Mr. Kim.
→ 매기는 슬레이트와 연필을 김씨에게 주었다.

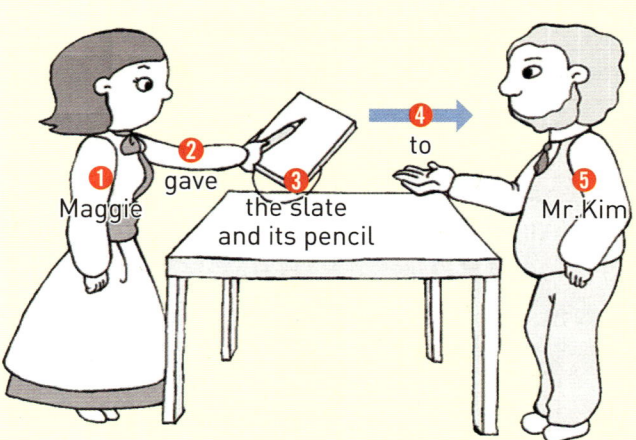

John pushed the slate back to Mr. Kim.
→ 존은 김씨에게 슬레이트를 되돌려주었다.

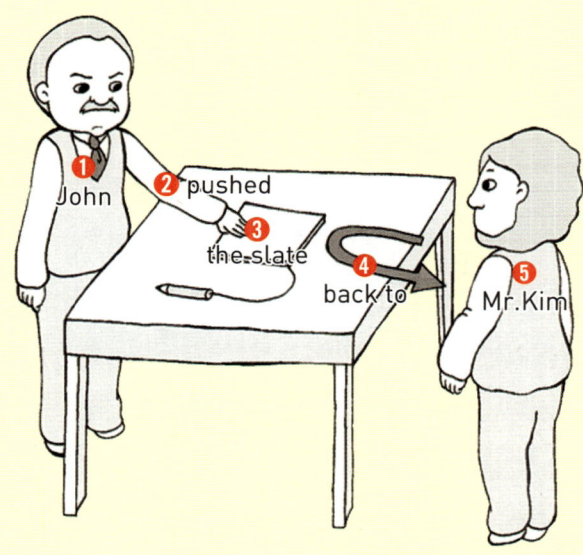

조 동 진 의 영 어 학 습 법
시 공 간 차 례 가 기 영 어

PART 02

기본 문형으로
시공간 차례가기 원리
이해하기

STEP 04

4형식

**4형식 문형으로 된
「~ 을 주다」 표현**

PART 02 _ 기본 문형으로 시공간 차례가기 원리 이해하기

STEP 04   4형식 문형으로 된 「주다」 표현

1. I gave him a book.
→ 나는 그에게 책을 주었다.

cause and effect 법칙

① 주어 'I'가 '사이공간 ①'에서 주는(gave) 원인 행위에 의해서,
② 목적어 'him'의 손 혹은 그 손이 미치는 **소유 영역**인 '사이공간 ②'에 'a book'이 놓이는 결과 장면이다.

　　주어 'I'에 딸린 정보를 왼쪽부터 순서대로(차례가기)로 스캔하여 읽으면 영어 문장 완성!

〈그림1〉을 보면 의문점이 생길 것이다.
① 왜 등장인물 모두 오른쪽을 보고 있을까?
② 위 예문에서 'him' 다음에 바로 'a book'이 위치할 수 있는 이유는 무엇일까?

이제 그 의문점을 풀어보자.

2. 영어는 일어난 장면을 2차원 세계로 표현하는 언어이다.
(저자의 독창적 표현)

2차원 세계의 표현을 이해하기 위해선 다음 사항들을 알아야 한다.

1) 「방향」

〈그림1〉 방향에 대한 설명

주인공이 현재 바라보고 있는 정면 쪽을 **앞쪽 방향**이라고 한다. 그리고 등지고 있는 후면 쪽을 **뒤쪽 방향**이라고 한다. 바라보고 있는지 등지고 있는지의 여부가 방향의 판단 기준이 되는 것이다.

2) 「장소(위치) 및 시간 감각」

〈그림2〉 방향을 근거로 한 장소 및 시간에 대한 설명

〈그림2〉에서 주인공은 움직이고 있는 중이다.

우리가 바라보는 앞쪽은 앞으로 살아갈 미래 방향이다. 앞으로의 이동은 미래로의 시간 이동을 뜻한다. 2차원 세계에서는 바라보는 앞쪽이 미래가 된다.

이와 같은 '시간과 장소에 대한 사고'는 시계에 그대로 투영되어 있다. 시계 바늘을 〈그림2〉의 주인공으로 보자. 그 바늘(주인공)의 앞쪽(+방향)으로의 장소 이동은 시계방향으로의 이동이자, 미래로의 여행이다.

3) 2차원의 세계에서는 등장인물 모두가 미래쪽(오른쪽)을 바라본다.

위 〈그림3〉에서 주인공뿐만 아니라 나머지 조연들도 모두 오른쪽을 바라보고 있다. 그 이유는 간단하다. **등장인물 모두가 미래(앞)로 살아가기 때문에 2차원의 시공간에서는 오른쪽(앞쪽/미래방향)을 바라보고 있다.**

4) 「소유영역」에 대한 인식

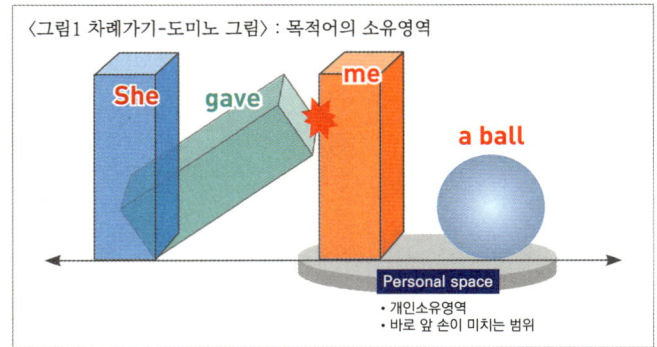

〈그림1 차례가기-도미노 그림〉: 목적어의 소유영역

개인 소유영역의 이해

〈그림1〉에서 조연(목적어)의 바로 **앞쪽**〈손을 뻗어 영향을 미칠 수 있는 영역(1.2m 정도)〉을 조연(목적어)의 **개인 소유영역(personal space)**이라고 한다.

'개인 소유영역'의 몇 가지 예를 들어보자.

① 카드놀이나 화투놀이에서 딜러가 카드나 화투를 나누어 줄 때, 상대방 바로 앞에 나누어 던져준다. 그리고 플레이어들은 게임 중에 딴 것들도 바로 앞에 놓아둔다. 그러면, 그 카드나 화투는 그 사람의 것이라고 모두가 인정한다. 그 사람이 가지는 행위를 하지 않아도 즉 그 사람 앞에 카드가 그냥 놓여있는 것만으로도 모두가 그 사람의 카드라고 인정한다.

② 여럿이 음식을 주문했을 때, 주문한 사람에 맞추어 음식을 그 사람 바로 앞에 놓아 준다. 그리고 개나 고양이에게 밥을 줄 때도 그것들의 바로 앞에다 준다. 그 음식들은 모두 사람 혹은 동물의 소유영역에 놓인 것이다.

③ 아이들이 소유를 주장할 때, "이것 내 것!" 하면서 손으로 물건들을 자기 앞으로 끌어다 당겨 놓는다. 즉 자기 몫은 자기 앞으로 갖다 놓는다.

④ 상인들이 물건들을 앞에 놓고 팔 때, 그 물건들은 상인의 소유영역에 놓여있는 상태이다.

그 외의 많은 예를 들 수 있다.

내(me) 바로 앞의 소유영역에 물체(a ball)를 위치시켜 놓음으로 소유행위가 없어도 나의 소유물임을 나타낼 수 있는 것이다.

5) 「소유영역」에는 행위도 나타낼 수 있다.

〈그림2 차례가기-도미노 그림〉: 목적어의 행위 및 소유영역

〈도미노 1〉 She ① gave ② me ③ a ball ④
Personal space
• 개인소유영역
• 바로 앞 손이 미치는 범위

〈도미노 2〉 She ① made ② me ③ cook ④
cause → to → have

공간의 구분에 대한 이해

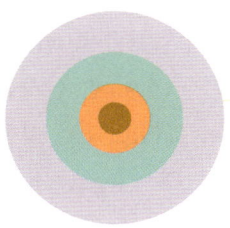

● 친밀공간 (0.45m/1.5ft)
● 개인공간 (1.2m/4ft)
● 사회공간 (3.6m/12ft)
● 대중공간 (7.6m/25ft)

위 〈그림2 차례가기-도미노 그림〉은 도미노 그림 2개를 병렬로 그려 놓은 그림이다.

〈도미노 1〉은 목적어 B의 바로 앞쪽 소유영역에서 물건이 놓여있는 장면이고,

〈도미노 2〉는 목적어 B의 바로 앞쪽 소유영역에서 물건 대신 앞으로 쓰러지는 행위가 나타나는 장면이다.

따라서, 목적어 바로 앞(미래방향/그림-오른쪽)은 목적어의 소유영역이자 행위영역이다.

이것의 이해가 4형식과 5형식 어순 해결의 핵심 열쇠이다.

6) 결론

영어 어순을 지배하는 English Mind

앞에서 4형식을 통해서 알아보았듯이, 첫째, 영어는 **3차원 세계**에서 일어난 〈주다– 장면〉을 **2차원 세계로 전환**하여 표현하고 있으며, 둘째, 행위자 혹은 주어에 딸린 정보를 과거에서 미래 방향으로 **[시공간 차례(순차)가기 원리]**로 스캔하며 영어로 표현하고 있다.

이것이 영어 어순을 지배하는 'English Mind'이다.
이에 대한 이해가 없으면 4형식을 논리적으로 설명할 길이 없다. 다른 설명은 설명하는 사람이나 듣고 이해하려는 사람 모두 서로 이해가 불가한 답답한 소리일 뿐이다.

〈논단 코너〉 과연 이해되는가?

많은 언어학자들과 영어학습지 저자들은 4형식의 설명을 피하거나 다음과 같이 납득이 가지 않는 설명을 하고 있다.

"만약 '나는 주었다(I gave)'란 말을 했다고 하자. 그러면 한국 사람은 우선 무엇(what)을 주었는가를 궁금해할 것이다. 그런데 영어를 사용하는 사람은 무엇(what)을 주었는가보다 누구(who)에게 주었는가를 더 궁금해한다. 바로 이 점이 한국 사람과 영어를 사용하는 사람이 갖는 사고방식의 차이라고 할 수 있다. 그리고 내가 그에게 주었으면(I gave him) 그 다음은 무엇을 주었는지 궁금해진다. 그래서 I gave him 다음에 a book이 온다. 이것을 반영하여 영어 문장은 주어(S)+동사(V)+누구(who)+무엇(what)의 순서로 구성된다. 그러므로 〈I gave him a book.〉이라고 표현하지, 〈I gave a book him.〉이라고 하지는 않는다."

그렇다면, 4형식 감각의 3형식 문형인「I gave a book to him.」이라는 문장은 어떻게 설명할 수 있는지 궁금하다.

3. 4형식 문형 구사감각 다지기

1) I asked him some questions.
→ 나는 그녀에게 약간의 질문을 했다.

내가 물어 보니까(cause), 그가 질문을 받은(have) 장면

2) She showed him a picture.
→ 그녀는 그에게 사진을 보여주었다.

전시장에서 그녀가 보여주는 원인 행위에 의해, 그가 눈으로 사진을 소유(감상)하고 있는 결과를 묘사한 장면

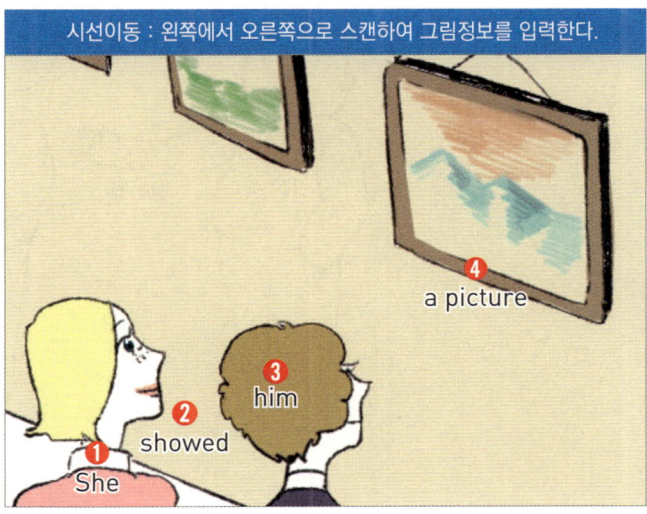

3) He paid his workers very little.
→ 그는 노동자들에게 보수를 거의 주지 않았다.

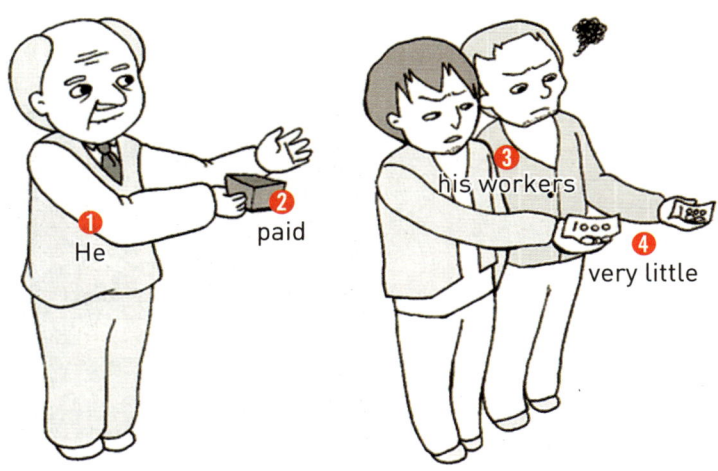

4) John gave him a cup of coffee.
→ 존은 그에게 커피 한 잔을 주었다.

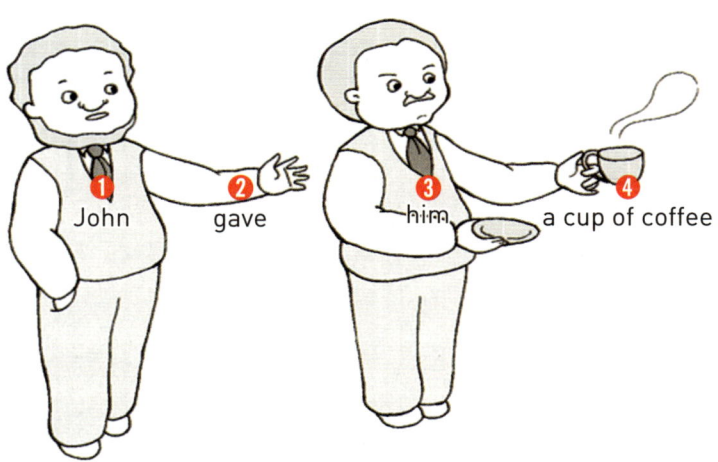

4. 〈도미노 - 차례가기 그림〉 이용하기

1) She gave me a ball.
→ 그녀는 나에게 한 개의 공을 주었다.

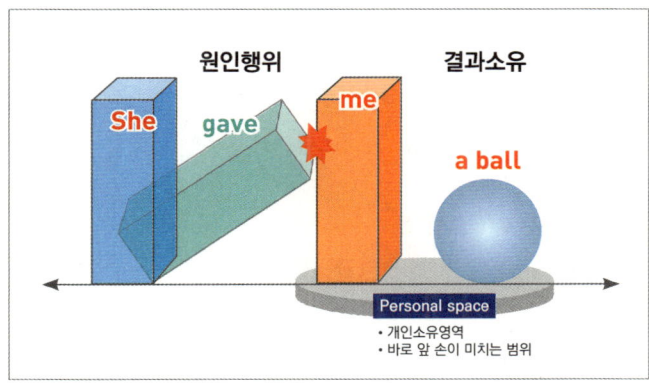

위 〈도미노 - 차례가기 그림〉은 '주는 사람이 주는 원인 행위에 의해서, 그 결과로 받는 사람의 바로 앞(소유영역)에 물건이 놓이는 장면'을 잘 묘사하고 있다.

도미노 차례가기 그림 이용의 장점	① 힘의 원리 이해 ② 위치·시간관념 이용 ③ 소유 개념의 이해·적용·구사 ④ 추상적인 개념을 도식화할 때

2) Give me 3 pairs.
→ 3쌍을 주십시오.

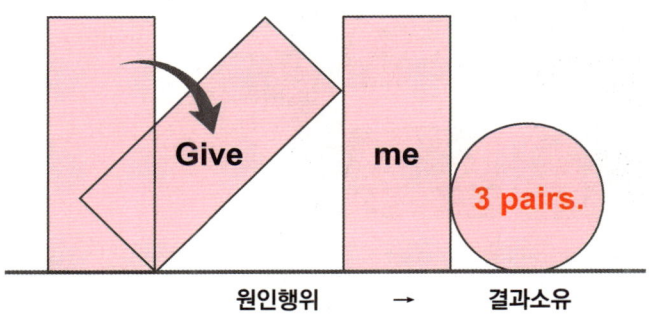

비교학습 〈주다 표현〉

다음 두 표현은 모두 〈내가 주다〉라는 표현이지만, 구사 감각이 다르다.

 화자가 '주다'라는 행위를 표현할 때 어떤 장면을 염두에 두고 말을 하느냐에 따라 다음 둘 중 하나를 선택하여 표현한다.

1 I offered my seat to her.
→ 나는 그녀에게 자리를 양보해 주었다.

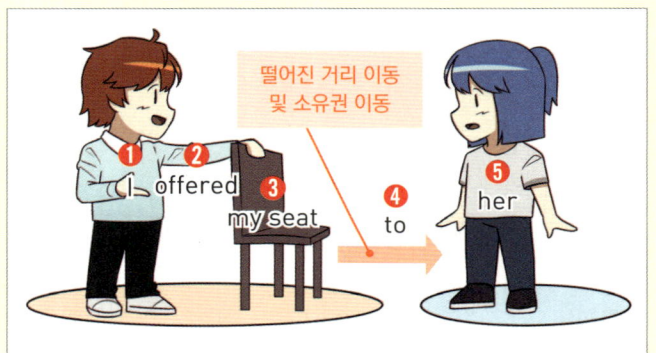

「내(주어)가 주기 전에 좌석을 갖고 있는 상태」에서 물건의 이동 과정 (즉, 소유권 이동)」이 부각된 것이다.

2 I gave him a book.
→ 나는 그에게 책을 주었다.

「내가 준 원인행위의 결과로 그의 소유영역 (바로 앞)에 그 책이 놓인 상태」가 부각된 것이다.

시선 이동 : 왼쪽 → 오른쪽으로 스캔하여 그림정보를 입력한다.

PART 02

기본 문형으로
시공간 차례가기 원리
이해하기

STEP 05

5형식

전체 영어의
4% 정도 차지하는 5형식의
원형부정사

PART 02 _ 기본 문형으로 시공간 차례가기 원리 이해하기

STEP 05
전체 영어의 4% 정도를 차지하는 5형식의 원형부정사

네가 「원형부정사」를 알아?

5형식 문형에 들어가기 전에 꼭 기억해야 할 내용이 있다.

첫째, 언어는 우리 삶의 모습과 생각을 그대로 표현하는 것뿐이다. 문법은 언어의 탄생과 동시에 존재할 수밖에 없다. 그러나 단지 문법을 문자적인 규칙들의 나열로만 보지 말고, 언어와 문법의 최초의 모습인 삶의 모습으로 환원해서 이해하고 보면, 보다 쉽고 재미있게 영어에 접근할 수 있을 것이다.

둘째, 실제 일어난 사건(장면)을 '어떤 틀에 담아 표현하고, 어떤 단어를 선택할 것인가'를 알아가는 것이 영어 공부에 있어서 가장 중요함을 한시라도 잊어서는 안 된다.

원형부정사(동사원형)는 어디에 쓰는 물건인가?
간단히 정리하면 다음과 같다.

> 원형부정사는 어디에 쓰는 물건인고?
> ❶ 즉각 반응 혹은 동시성
> ❷ 그 행위의 처음부터 끝까지 묘사(전체)

이제, 본론으로 들어가자.

1. 사역동사와 원형부정사

1) I'll have him repair my radio.
→ 나는 그에게 내 라디오를 수리하라고 시킬 것이다.

우리는 앞에서 다음의 기본문형 3형식을 배웠다.

〈그림1〉

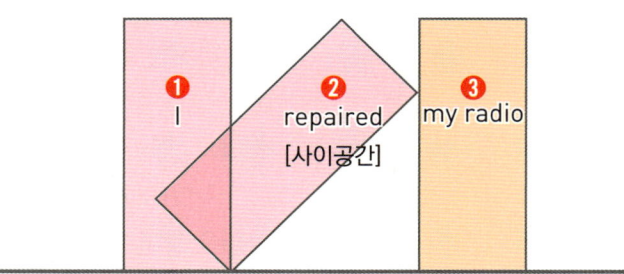

위 〈그림1〉은 '나의 고치는 동작(힘)이 my radio에 직접 영향을 미치는 경우'로 우리말로 해석하면, 「내가 나의 라디오를 고쳤다.」가 된다.

다음의 경우를 보자.

우리는 살다 보면 내가 할 수 없는 일이 있거나 하기 싫은 일들이 있다. 〈그림2〉는 고장난 radio를 고칠 능력이 없어서 바라보고만 있는 장면이다.

〈그림2〉

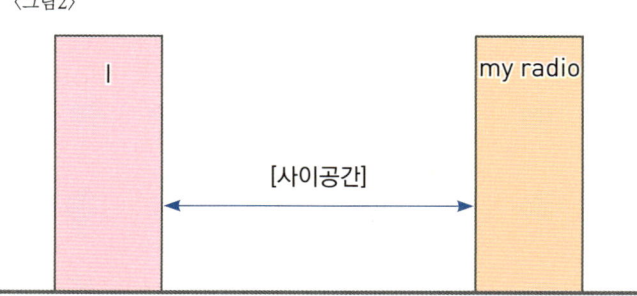

다른 사람(제3자)의 도움이 필요한 경우가 발생한 것이다.

〈그림2〉의 [사이공간]에 제3자의 도움을 개입시켜 보자. 그 위치관계를 그림으로 표현하면 아래 〈그림3〉과 같다.

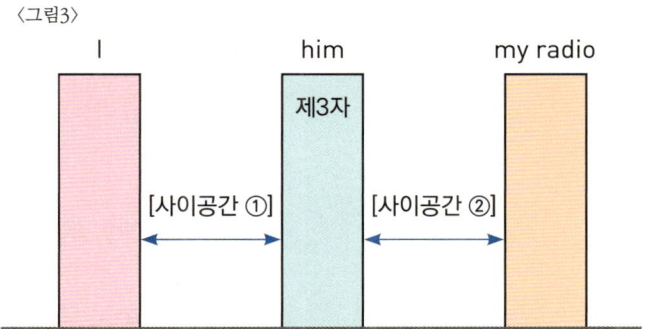

〈그림3〉

위 〈그림3〉을 잘 살펴보면,
① 나와 제3자 사이에 [사이공간 ①],
② 제3자와 나의 라디오 사이에 [사이공간 ②]가 존재한다.

내가 제3자의 도움을 받아 나의 라디오를 고치려면, 이 [사이공간]들에서 어떤 힘들이 작용하여야 할까?

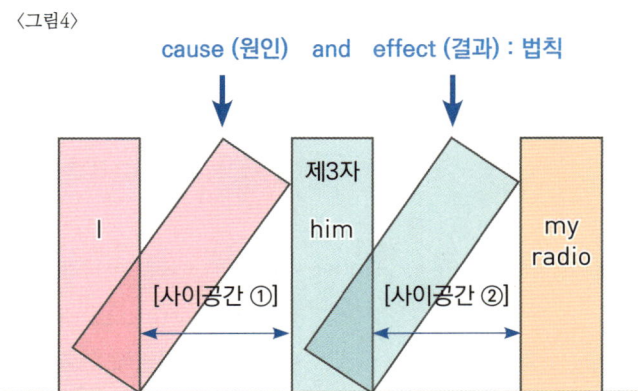

〈그림4〉

앞의 〈그림4〉에서

cause

① 주어 'I'가 [사이공간 ①]에서 제3자인 'him'에게 'have〈시키다(부탁, 의뢰)〉'라는 원인(cause) 행위를 하면,

effect

② 그 결과 제3자인 'him'이 [사이공간 ②]에서 주어 'I'가 원하는 'repair〈수리하다(고치다)〉'라는 행위를 하게 되는 것이다.

이제, 실제 삶의 현장에서의 모습으로 그림을 바꿔보겠다.

영어 어순
[시공간 차례가기 원리]

힘의 장소(시간)
이동 순서

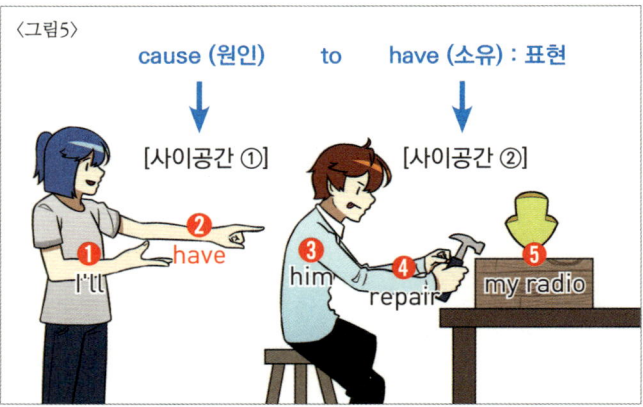

주어(I)에 딸린 정보를 [시공간 차례가기 원리]로 왼쪽부터 순서대로 읽으면 영어 문장 완성!

I'll have him repair my radio.

 참고

❶ cause and effect 법칙
  ➡ 원인에 의한 결과 법칙

❷ cause to have 표현
  ➡ 원인에 의한 소유 결과 표현

사역동사와 원형부정사

1. 사역동사 (causative verb)

앞 〈그림5〉의 [사이공간 ①]에서 'have'라는 **사역동사** (~에게 …을 시키다)를 사용했다.

사역동사 'have'

야기시키는 동사 (원인으로 작용하는 동사),
「**계약(약속)관계**에서 시키는(의뢰 · 부탁 등) 경우」이다.

계약관계란?
---

① 돈을 주면 고쳐주는 고객과 상인 관계
② 사용자와 근로자 사이의 고용 관계
③ 관행적으로 그렇게 하기로 이미 약속(합의)되어진 관계 등을 의미한다.

따라서,

I'll have him repair my radio.
→ 나는 그에게 내 라디오를 수리하라고 시킬 것이다.

위 문장에서 'I'와 'him' 사이는 위의 설명과 같은 계약(약속)관계에 있음을 의미하고, 그런 관계에서 …을 시킴을 have로 표현한 것이다.

2. 원형부정사

앞 〈그림5〉의 [사이공간 ②]의 'repair'는 'to repair'의 모습에서 to가 탈락하여 동사원형만 남은 형태를 **원형부정사**라고 한다.

> to가 탈락하여 동사원형만 남은 형태를 문법적 용어로
>
> ⬇
>
> **원형부정사라고 한다.**
>
> **원형부정사는** ① 즉각 반응을 일으킨 경우와
> ② 본동사가 의미하는 시점과 동시에 일어난 경우를 묘사하기 위한 표현이다.

3. 결론

I'll have him repair my radio.

이 문장 속에는 단순히 '나는 그에게 나의 라디오를 고치도록 시켰다.'라는 뜻만이 아니라 「나와 그는 계약(약속)관계에 있고, 내가 의뢰하면 그는 고쳐주어야 하는 의무가 있다. 이때, 의뢰받은 그는 어떤 저항이나 개인 생각의 개입 없이 바로 고쳐주어야 한다.」와 같은 숨은 뉘앙스를 내포하고 있다.

여기서 「그가 어떤 저항 없이 그리고 개인 생각의 개입없이 바로 고쳐주는 행위(즉각 반응)」의 모습을 **원형부정사(동사원형)로 표현**한 것이다.

2) She made me cook.

→ 그녀는 나에게 요리를 시켰다.

영어 어순
[시공간 차례가기 원리]

힘의 장소(시간)
이동 순서

여러분도 시키는 사람의 힘 또는 권위에 눌려 여러분의 의사와는 상관없이 시키는 대로 즉각 시행할 수밖에 없는 경우를 당한 적이 있을 것이다.(해야 할 일도 아닌데…)

이와 같이 〈그림1〉의 [사이공간 ①]에서 원인으로 작용하는 행위가 「절대적 강제성」을 띨 때, make를 사용한다.

[사이공간 ②]에서 to 없는 원형부정사 cook(요리하다)이 온 이유는 시키는 사람의 힘 또는 권위에 눌려《여러분의 생각과는 상관없이 시키는 대로 즉각 시행할 수밖에 없는 행위임》을 표현한 것이다.

왼쪽부터 순서대로 차례가기로 읽으면 영어 문장 완성!

참고로 예문은 「그녀가 나에게 요리하게 했다 (시켰다, 만들었다).」로 해석하지만, 나 (목적어 me)의 **숨은 감정 → 시키니 어쩔 수 없이 해야만 하는 불만이 가득한 심정을 읽을 수 있어야 한다.**

해야 할 일이 아닌데 계약·약속·합의 등이 없이 강제로 시킨 것이기 때문이다.

아래 〈그림2〉로 정리하라.

사역동사
(causative verb = 야기 동사)

야기시키는 동사(원인으로 작용하는 동사)로서 목적어로 하여금 행위를 하게끔 한다.

목적어의 행위를 '동사원형'으로 표현하는 사역동사는 'have', 'make', 'let', 'bid'가 있다.

중요한 점은 이들 동사는 왜 동사원형을 목적보어로 사용하는지를 아는 것이다.

PART 02 _ 기본 문형으로 시공간 차례가기 원리 이해하기

3) She let me run.
→ 그녀는 나를 뛰게 놔뒀다.

영어 어순
[시공간 차례가기 원리]

힘의 장소(시간)
이동 순서

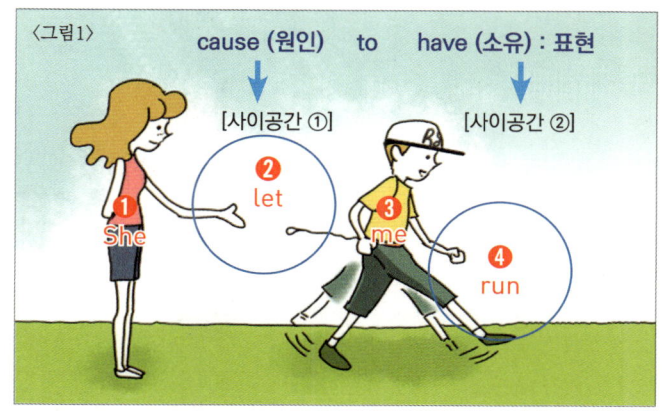

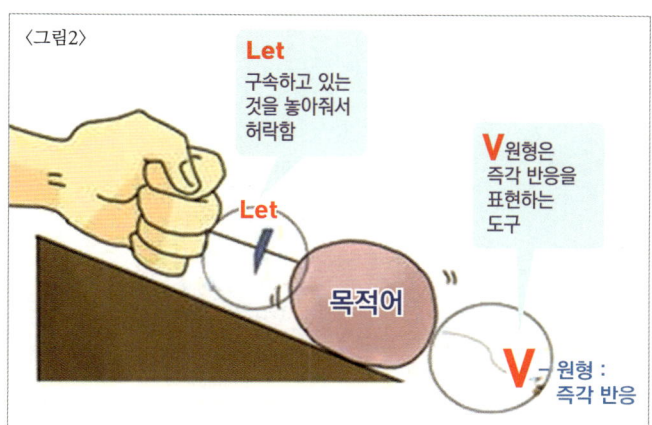

위 〈그림2〉에서 잡은 끈을 놓으면 즉각적으로 둥근 물체는 아래로 굴러갈 것이다.

〈그림1〉의 [사이공간 ① (원인 행위)]에서 'let(상대에 대한 속박을 느슨하게 풀어 주다)'이라는 원인 행위가 오면, [사이공간 ② (결과 행위)]에선 목적어가 하고 싶었던 행위를 즉각적으로 하게 된다.

이렇게 **'생각이나 시간차 없는 즉각 반응'**을 to 없는 **'원형 부정사'**로 표현한다.

왼쪽부터 순서대로 차례가기로 읽으면 영어 문장 완성!

STEP 05 · 5형식으로 이해하기 _ 105

4) The king bade him **go**.
→ 왕은 그에게 가라고 명령했다.

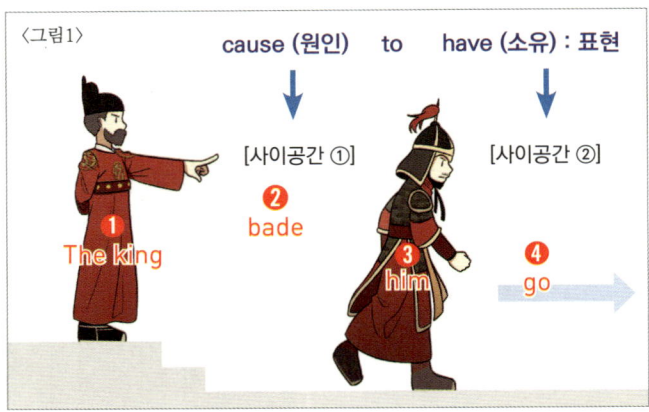

bid (~에게 명하다)
상대방이 명령하는 행위를 즉각적으로(당장)실행하길(그 행위에 닿아있길 / 그 행위를 소유하길) 원할 때 사용한다.

위 예문을 보자.

　절대적 권한이 있는 The king이 → 상대가 즉각적으로(당장) 실행하길 원하여 bade라는 원인 행위를 하자, → him이 → 즉각 반응하여 go라는 결과 행위에 닿아 있는 (행위를 소유하는) 장면을 묘사하고 있다.
(즉각 반응 = 원형부정사로 표현)

still
움직이지 않는, 소리 없는, 가만히

stand still
가만히 서 있다.

- She bade the child **stand** still.
  (그녀는 그 아이에게 가만히 서 있으라고 지시했다.)

- She bade me **enter**.
  (그녀는 나더러 들어오라고 했다.)

구 별
bid 이외의 다른 명령하다의 뜻을 갖고 있는 동사들은 order, command, instruct, direct 등이 있다.
이 동사들은 앞으로 할 일, 정해져 해야 할 일, 계획(의도)한 일을 명령(주문, 지휘, 지시)할 때 쓰므로 원형부정사 대신 to-부정사를 사용한다.

5) I helped him (to) carry his baggage.

→ 나는 그가 그의 짐을 나르는 것을 도왔다.

요건 몰랐지!

위 예문에서 'help'는 'help + 목적어(him) + carry/to carry'의 형태로 사용할 수 있다.

그러나 형태가 다르면 의미도 다르다.

① I helped him **carry** his baggage.
(직접적인 도움/나를 때 준 도움)
= 나는 그가 수화물(가방)을 나르는 것을 도왔다.

'him'이 즉각적으로 'carry 동사원형/원형부정사'라는 행위를 하도록 도움을 준 경우이다. 이 경우의 도움은 「내가 직접 힘을 써서 같이 나르는 도움이다.」 내가 같이 나르는 도움이 있으면, 그가 짐을 즉각적으로 나르는 행위가 일어나게 된다.

따라서 ①의 helped는 직접적인 도움을 준 경우이다.

② I helped him **to carry** his baggage.
(간접적인 도움/나르기 전 준비 과정 때 준 도움, 조언 등)
= 나는 그가 수화물(가방)을 나를 수 있도록 도왔다.

▶ **to carry**
앞으로 가서 해야 할 즉 아직 일어나지 않은 행위이다.

▶ **him to carry**
him이 앞으로 가서 닿아야 할 행위(carry)를 앞에 두고 있는 장면이다.

▶ **helped him to carry**
그가 나르는 행위에 닿을 수 있도록(나르기 전 준비 과정에서) 돕는 행위를 하는 장면이다.

따라서 ②의 helped는 간접적인 도움을 준 경우이다.

2. 단순 감각(지각) 동사와 원형부정사

I heard a dog bark in the yard.
→ 나는 마당에서 개 짖는 소리를 들었다.

영어 어순
[시공간 차례가기 원리]

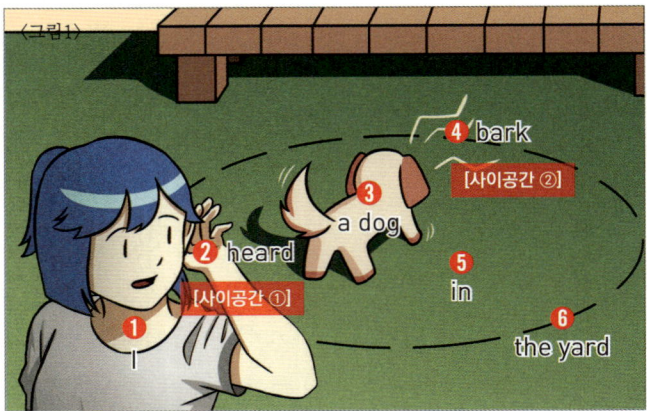

우리는 보고, 듣고, 맛을 보고, 냄새를 맡고 피부로 느끼면서 살아가고 있다.

이런 사람의 오감을 나타내는 품사를 **감각동사**라고 한다.

위 〈그림1〉에서 **[사이공간 ①]**에는 듣는(heard) 행위가 보이고, **[사이공간 ②]**에는 개가 짖는 행위(bark)가 보인다.

내가 듣는(heard) 순간에 인지되는 내용은 '개가 짖는(bark) 행위에 닿아 있다'라는 것이다.

 참고

개체가 '행위에 닿아 있다' 혹은 '행위를 바로 앞에 두고 소유하고 있다'라는 표현은 그 개체가 '그 행위를 하고 있다'라고 인지된다.

여기에는 듣는 행위와 짖는 행위 간에 시간차가 없으며, 개가 짖는 행위에 닿아 짖고 있는 장면을 **to 없는 '원형부정사'로 표현**한 것이다.

차이점

〈그림1〉의 [사이공간 2]에 다음과 같은 형태가 오면 장면이 다르다.

1 V-원형 (원형부정사)

그 행위의 처음부터 끝까지(전체) 의미하며 그 행위 전체를 다 보고 듣고 느낄 때 사용한다.

I heard a dog *bark* in the yard.

❶ 첫째, 내가 듣는(heard) 순간에 '개가 짖는(bark) 행위에 닿아 있다'라는 장면
❷ 둘째, '개가 처음부터 끝까지 짖어대는 소리(전체/전부)를 다 들었다'라는 정보

2 V-ing 형태

'하고 있는 중'인 '중간 상태' 즉 '부분, 한순간'만 보고 듣고 느낄 때 사용한다.

I heard a dog *barking* in the yard.

3 to-V 형태

개가 앞으로 짖을 행위에 가 닿을 '미래의 일어날 행위'를 to-V로 표현한다. 그러나 위 문장에서 아직 짖지도 않는 미래에 일어날 짖는 소리를 들을 수는 없는 노릇이다. 개가 짖는 행위에 닿아 있어야 들을 수 있는 것이 당연하다.

따라서 여기서는 to-V가 올 수 없다.

*비문법적 표현
 I heard a dog *to bark* in the yard.

물론, 장면에서 주인공(I)에 딸린 정보를 왼쪽부터 순서대로(차례가기로) 눈으로 스캔하여 읽으면 영어 문장 완성!

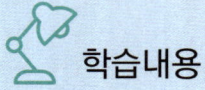 학습내용

우리말에는 없는
전치사! Preposition

장면을 2차원으로 표현하는 영어에서는
사이 관계를 표현하기 위한
수단으로 자연스럽게 전치사가
발전할 수밖에 없었다.

이제 영어에 있어서
비타민과 같이 없어서는 안 될
전치사에 대해 알아보자.

시 공 간 차 례 가 기 영 어

PART 03

우리말에는 없는 전치사를 잡아라

STEP 1. 전치사의 이해 – 사건 + 배경
STEP 2. 전치사의 이해 – 5형식 + 결과

조동진의 영어학습법
시공간 차례가기 영어

PART 03
우리말에는 없는
전치사를 잡아라

STEP 01

전치사의 이해
(사건 + 배경)

PART 03 _ 전치사를 잡아라

STEP 01 전치사의 이해

왜 [전치사 + 명사 (대명사)]와 같은 어순을 쓸까?

전치사가 놓이는 위치에 대한 설명

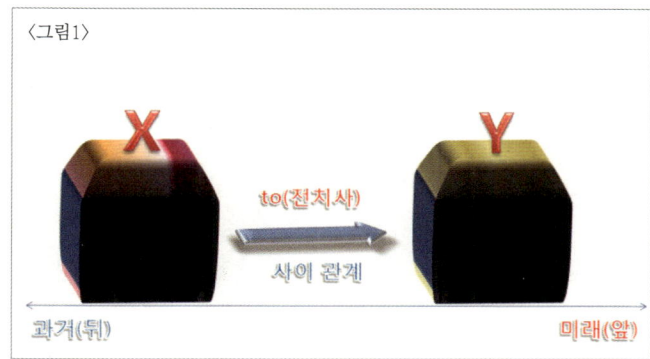

위 〈그림1〉에서 전치사 to는 X와 Y의 [사이공간]에 위치하고 있다.

이것은 「X와 Y 사이에 어떤 관계가 있는가」를 나타내기 위해 그 사이에 쓰인 것이다.

따라서, X부터 Y까지를 [시공간 차례가기 원리]로 읽으면, (① X → ② 전치사 → ③ Y)라는 어순이 되는 것이다.

 참고

전치사가 Y에 선행해서 오기 때문에 전치사(前置詞)란 용어가 쓰인 것뿐이다.

1. 사건발생(행위)과 배경과의 사이관계 (전치사)

at

⟨X at Y⟩
- X가 Y라는 한 점에 자극받아 순간·집중·반응하는 관계.
- 여기서는 Y라는 정해진(약속된) 장소에 반응하는 관계를 at으로 표현한 것이다.

1) at

She bought a ticket at the ticket window.
→ 그녀는 매표소에서 표를 샀다.

⟨그림1⟩은 티켓창구에서 그녀가 티켓을 구입하는 장면이다.

⟨그림1⟩속에는 모든 구사 정보가 들어가 있다.

한국어로 해석하지 않고 장면으로 이해하고 구사하는것이 영어식 사고방식이자 진짜 영어식으로 직독·직해를 하는 것이다. 이것이 'English Mind'이다.

여기서 '그녀가 티켓 한 장을 구입한 행위'와 '티켓 창구라는 장소'와는 어떤 사이 관계가 있는 것일까? 여기서 주목할 점은 '창구는 티켓을 팔기로 약속된(정해진) 곳'이라는 사실이다. 그래서 그녀는 '티켓을 팔기로 약속된(정해진) 곳'이라는 **자극**에 대해 티켓을 사는 **순간·집중·반응 행위**를 함을 알 수 있다. 따라서 이런 자극에 대한 순간·집중·반응하는 사이 관계를 'at'로 표현했다.

―
장면에서 관심의 초점인 주인공(She)에 대한 + 딸린 정보 (bought a ticket at the ticket window.)를 왼쪽부터 순서대로 읽으면 영어 문장 완성!

around

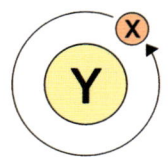

⟨X around Y⟩

X가 Y를 중심으로 둘러싸거나 둥근 곡선을 그리는 움직임을 나타낼 때 around로 표현.

2) around

He walked around the table.
→ 그는 테이블 주위를 걸었다.

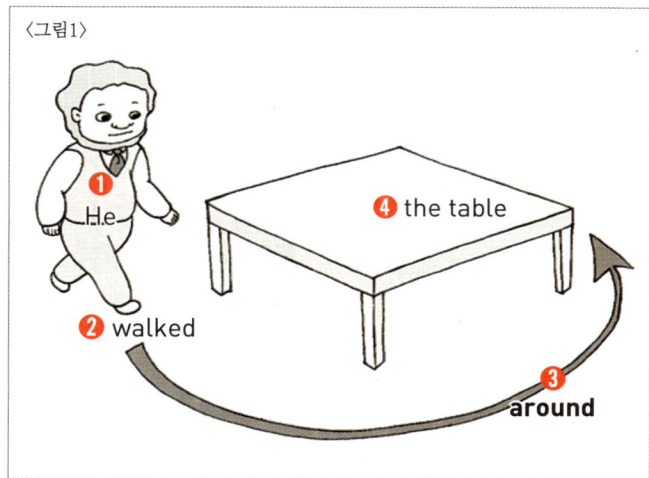

⟨그림1⟩ 장면은 원인과 결과(cause and effect) 법칙이 적용되었다.

'walked(걸었다)'라는 행위의 움직임 결과로 둥근 곡선을 그리는 움직임이 나타나서 'around(주위에)'를 쓴 장면이다.

[시공간 차례가기]로 장면(그림)을 인지하고 구사하라

⟨그림1⟩ 장면(그림) 속에 모든 구사 정보가 들어가 있다.

위 장면에서 위치 감각, 시간 감각, 그리고 원인과 결과(cause to have) 법칙 등을 이용하여 ①에서 ④까지 차례가기로 인지·구사하라. 이렇게 장면으로 이해하고 구사하는 것만이 우리말의 간섭 현상을 최소화하고 진짜 영어식으로 직독·직해를 하는 것이다.

이것이 'English Mind'이자 영어식 사고방식이다.

2. 목적어와 배경과의 사이관계(전치사)

1) by

The rich man has a nice house by the river.

→ 그 부자는 강가에 좋은 집을 가지고 있다.

위 장면은 'X(=부자가 소유한 a nice house)가 Y(=river)의 힘(영향/지배 등)을 받는 위치에 있음'을 나타낸다. 즉, 강이 주는 좋은 전망 혹은 수상 택시를 이용할 수 있는 혜택 등을 갖춘 그런 위치에 있음을 사이관계 by 로 표현하고 있다.

―
장면에서 관심의 초점인 주인공(The rich man)에 대한 + 딸린 정보(has a nice house by the river.)를 왼쪽부터 순서대로 읽으면 영어 문장 완성!

---

by

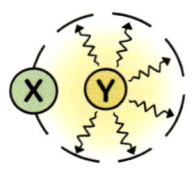

⟨X by Y⟩

X는 Y의 힘(영향/지배 등)을 받는 위치에 있음을 표현한다.

예를 들어보자.
첫째, '옆에 거느리고(두고)'라는 표현에서 알 수 있듯이 옆(by)이라는 위치 관계는 전적인 영향력(힘)을 발휘할 수 있는 위치에 있음을 알 수 있다.

둘째, 회의나 회식을 할 때 가장 높은 사람을 가운데 앉게 하고 좌·우(옆)에 나머지 사람을 앉게 한다. (예수님의 최후의 만찬 그림, 왕 옆에 신하들이 쭉 서 있는 장면, 등)
이런 힘을 발휘할 수 있는 위치의 사이관계는 수동태의 ⟨by+행위자⟩로 응용된다.

under

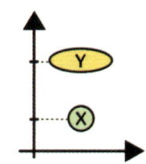

⟨X under Y⟩

X는 Y의 아래에 위치에 있음을 표현한다.

2) under

She lit a burner under a saucepan.
→ 그녀는 소스팬 아래에 있는 버너에 불을 붙였다.

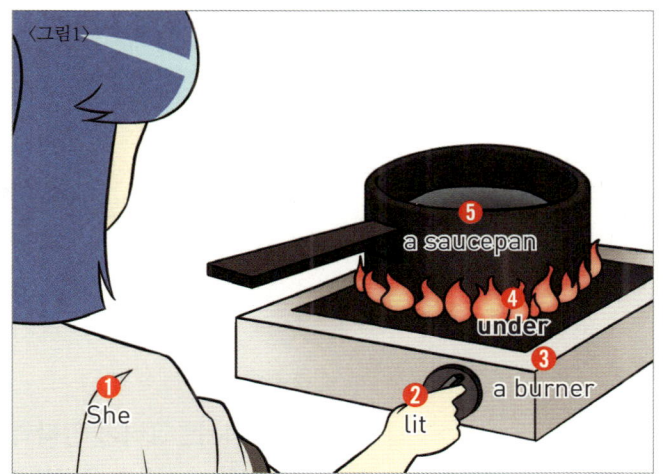

위의 〈그림1〉은 '그녀가 불을 켜는 a burner가 a saucepan의 아래에 위치하고 있음'을 사이관계 under로 표현하고 있다.

―
장면에서 관심의 초점인 주인공(She)에 대한 + 딸린 정보(lit a burner under a saucepan.)를 왼쪽부터 순서대로 읽으면 영어 문장 완성!

3) with, in

She fried the onion with some ground beef in a frying pan.

→ 그녀는 양파와 조금 잘게 간 소고기를 프라이팬 안에서 튀겼다.

---

with

⟨X with Y⟩.

- X, Y가 같은 공간에 동시에 존재하며 동시 작용하고(움직이고) 있음을 with로 표현.

- [with+도구(물건)]의 경우, X가 Y(도구)의 힘에 부분적으로 의지하여 목적을 이루려 하고 있음을 깨달아야 한다.

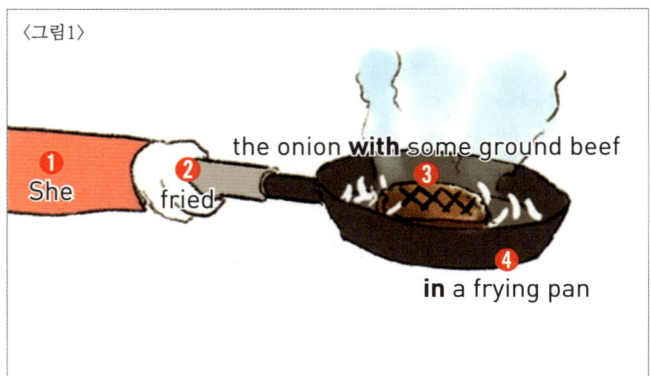

⟨그림1⟩

⟨그림1⟩은 그녀가 양파와 조금 잘게 간 소고기를 프라이팬 안에서 튀기는 장면이다.

- 양파와 잘게 간 쇠고기가 **같은 영역 내에 동시에 존재**하는 사이 관계를 with로 표현하고 있다.

- 양파와 잘게 간 쇠고기가 프라이팬 **안에 놓여있는 사이 관계**를 in으로 표현하고 있다.

장면으로 이해하고 [시공간 차례가기 원리]로 스캔하여 구사하라.

PART 03
우리말에는 없는
전치사를 잡아라

STEP 02

전치사의 이해
(5형식 + 결과)

PART 03 _ 전치사를 잡아라

STEP 02 전치사의 이해 – 5형식 + 결과

1. 5형식과 전치사(부사 포함)

다음 〈그림1〉은 앞장에서 설명한 그림이다.

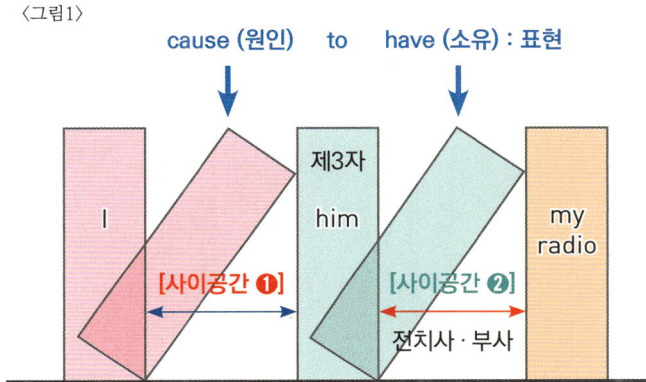

주어(주인공)의 행위 **[사이공간 ❶/야기(원인)공간]**가 원인이 되어서 목적어가 행위〈사이공간 ❷/결과공간〉를 하는 그 결과가 나오는 장면이다.

그런데, 이번에는 **[사이공간 ❷/결과소유공간]**에 **행위 대신 '전치사(부사 포함)'가 오는 경우이다.**

이 문형을 통해 전치사를 익혀보자.

1) back

She put it back in the toothbrush rack.
→ 그녀는 그것(칫솔)을 칫솔 통에 다시 넣어 두었다.

back

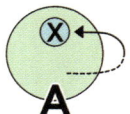

⟨X back⟩

back은 부사이다.
X가 되돌아서 정반대 방향으로 움직임을 가질 때 back으로 표현.

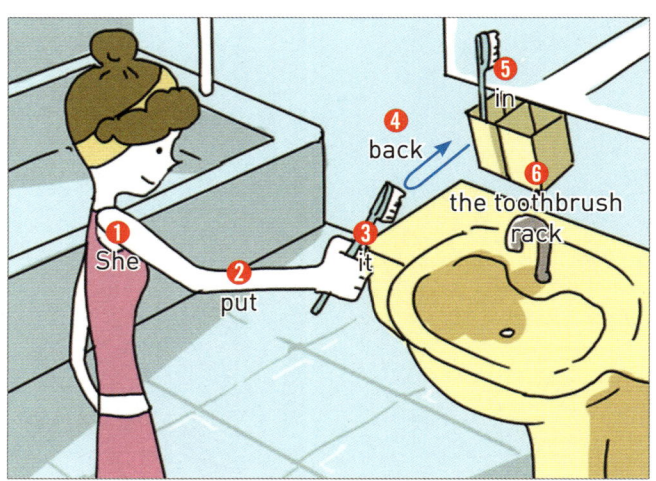

장면으로 이해하고
[시공간 차례가기 원리]로
스캔하여 구사하라

❶ 그녀(She)의 ❷ 놓는 동작(put)이
❸ 그것(it=toothbrush)에 영향을 주고,
　➡ 그 결과 ❹ 그것이 원래 상태로 되돌아가(back)
❺ 안(in)에 놓이는 곳은 ❻ 칫솔통 (toothbrush rack).

🖋 참고

put	물건을 어떤 장소나 상태에 두는 것으로, 놓는 동작 그 자체를 강조하는 때가 있음.
set	사물을 어떤 상태로 몰고 감을 말함 : set a ball rolling 공을 굴리다.
place	물건이 놓이는 상태나 장소 쪽을 강조하는 뜻을 지님.
lay	put과 비슷한 뜻이나, '물건을 깔아 놓다'라는 뜻이 있음.

2) down

■ I set my bag down.
→ 나는 나의 가방을 내려 놓았다.

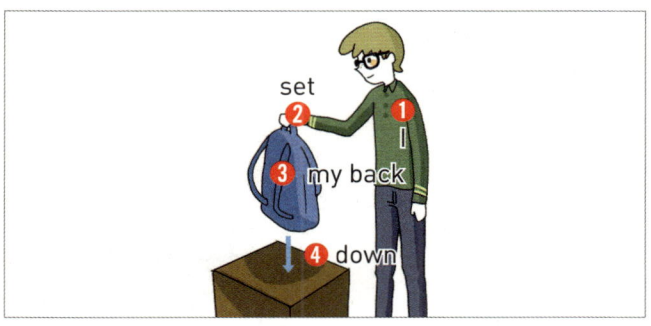

❶ 내(I)가 ❷ 어떤 상태로 몰아가는 놓는 동작 혹은 정해진 곳에 놓는 동작(set)이 ❸ 가방(my bag)에 영향을 주니,
➡ 그 결과 ❹ 가방이 아래로 놓이는 상태(down)

■ She rang her servant down.
→ 그녀는 하인을 내려오게 종을 울렸다.

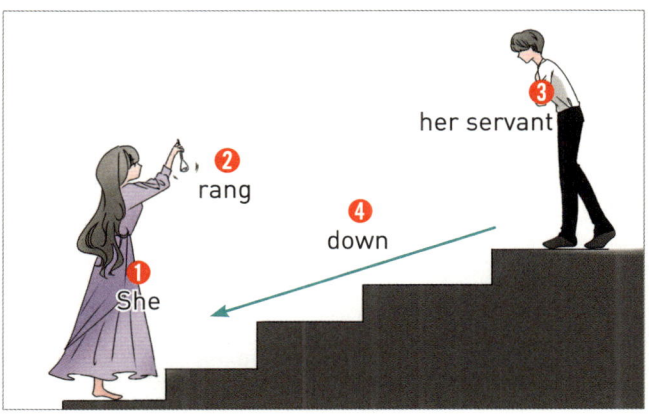

❶ 그녀(She)가 ❷ 종을 울려서(rang)
❸ 하인(her servant)에게 영향을 주니,
➡ 그 결과 ❹ 하인이 아래로 내려오는 상태(down)

---

down

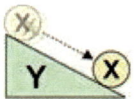

⟨X down Y⟩

X가 Y의 높은 곳에서 낮은 곳으로 움직여 가는 관계를 down으로 표현.

여기에 실린 예문의 down은 부사이다.

down이 부사로 쓰일 때에는 Y를 이미 상식적으로 알고 있으므로 Y를 생략한 것이다.

장면으로 이해하고
[시공간 차례가기 원리]로
스캔하여 구사하라

3) for

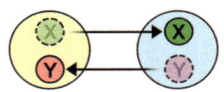

⟨X for Y⟩

X를 주고 동등한 가치라고 판단되는 Y를 대가로 받는 교환 관계를 for로 표현.

장면으로 이해하고
[시공간 차례가기 원리]로
스캔하여 구사하라

1 He left a message for her.
→ 나는 그녀에게 메시지를 남겼다.

❶ 그 (He)의 ❷ 남겨놓은 (left) ❸ 메시지 (a message)가
❹ 향하는 방향 즉 염두에 둔 곳(for)은 ❺ 그녀(her)

첫째, 위 문장에서 ⟨X(left) for Y(her)⟩는 Y를 염두(생각)에 두고 X라는 대가 행위를 한 것으로 풀이된다.

둘째, 그가 메시지를 남기는 행위는 직접 주는 행위가 아니다. 주기 전에 하는 행위이다. 따라서 그 메시지가 그녀에게 갈 수 없다(to를 쓰지 않음). 남긴 메시지와 그녀와의 거리감은 그대로 남아 있다. 단지 그녀를 위해서(염두에 두고) 남긴 것이기에 그녀에게로 향하는 방향성(염두)만 표시해야 한다.

따라서 to가 아닌 for를 써야 한다.

생각 키우기 – 의미 확장
'Y를 (얻기) 위하여' ⇒ 'Y를 염두(생각)에 두고'
⇒ 'Y를 향하여(방향성)'

2 I mistook him for a girl.
→ 나는 그를 여자로 착각했다.

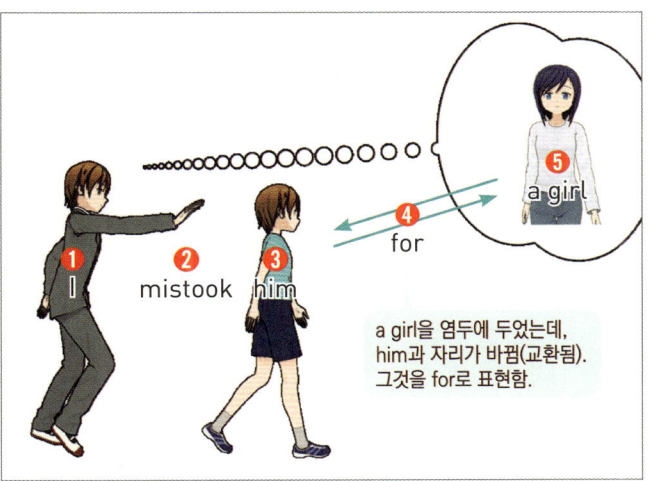

장면으로 이해하고
[시공간 차례가기 원리]로
스캔하여 구사하라

❶ 내(I)가
❷ 잘못 취한(mistook)
❸ 그(him)
❹ 염두에 둔 / 생각했던 / 원래 목적으로 한 / 얻고자 바랬던 방향(for)은
❺ 한 여자(a girl)인데.......... 음 바뀌었네!

내가 염두에 둔(원래 목적한) 대상은 a girl인데, a girl 대신 him을 잘못 취했다.

「그(him)와 한 소녀(a girl)」의 자리가 바뀐 것이다.
　이 사이 관계를 for로 표현했는데, 이때 for를 〈'착각'의 for〉라 한다.
　mistake 동사와 의미적으로 함께 사용되어 착각의 의미(뜻)가 나온다.

4) from

from

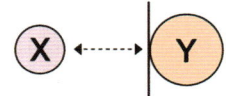

⟨X from Y⟩

X가 Y(출발점)로부터 떨어져 나와 거리를 두고 있는 관계를 from로 표현.

1 I chose a book from the shelf.
→ 나는 선반에서 한 권의 책을 선택했다.

장면으로 이해하고 [시공간 차례가기 원리]로 스캔하여 구사하라

❶ 내(I)가 ❷ 선택하여 취함으로(chose)
❸ 한 권의 책(a book)이
❹ 있었던 곳에서 떨어져 나와 거리를 두고(from) 있는데
❺ 그 출발점은 선반 (the shelf)

2 He takes a towel from the towel rack.
→ 그는 수건걸이에서 수건을 취한다.

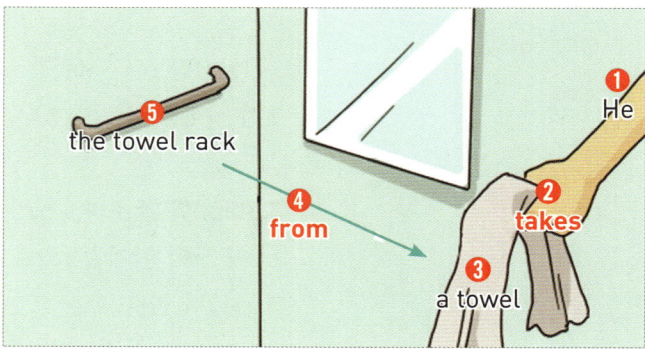

장면으로 이해하고 [시공간 차례가기 원리]로 스캔하여 구사하라

❶ 그(He)가 ❷ 취함으로(takes) ❸ 수건(a towel)이
❹ 있었던 곳에서 떨어져 나와 거리를 두고(from) 있는데
❺ 그 출발점은 선반 수건걸이 (the towel rack)

3 Mary rented a video from a video store.
→ 메리는 비디오 가게로부터 비디오를 빌렸다.

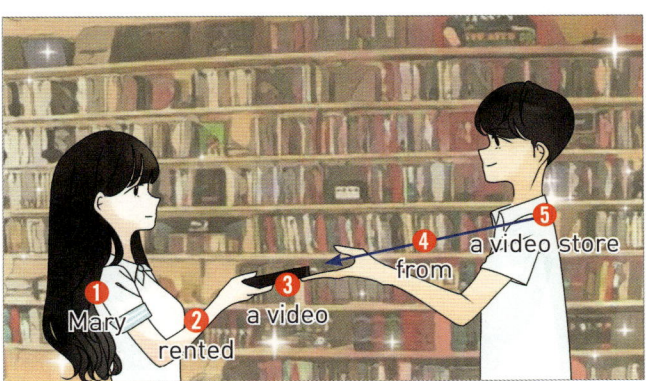

❶ 메리(Mary)가
❷ 빌리는(rented)
❸ 한 개의 비디오(a video), 그것이
❹ 있었던 곳에서 거리를 두고 떨어져 나온(from)
❺ 출발점은 비디오 가게(a video store)

장면으로 이해하고
[시공간 차례가기 원리]로
스캔하여 구사하라

위치 감각과 시간 감각을 이용하여 ①에서 ⑤까지 [차례가기]로 인지·구사하는 것이 영어식 사고방식이다.

〈 2문장 비교 〉

서로 다르다. 힘의 방향이 반대이다.

① Mary rented a video from(←) a video store.
 - 주어 쪽으로 잡아당기는(-방향으로) 힘이 작용하면,
 - 그 결과, a video가 비디오 가게로부터 떨어져 나와 주어 쪽으로 이동(←)하게 된다.

② She returned the video to(→) the store.
 - 주어에서 앞으로 밀어내는(+방향으로) 힘이 작용하면,
 - 그 결과, a video가 주어에서 비디오 가게 쪽으로 이동(→)하게 된다.

4 Tom pulled the plug from the sink.

→ 톰은 씽크대로부터 마개를 잡아당겼다.

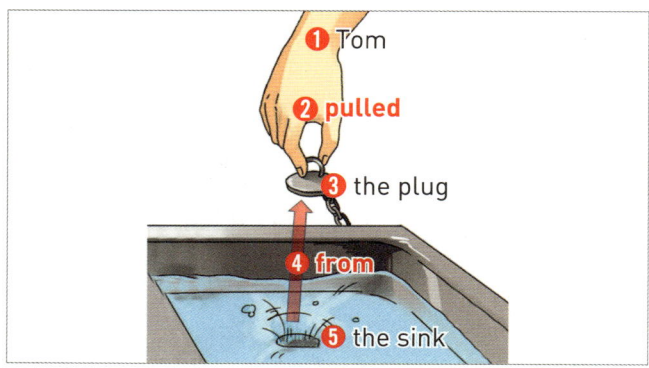

장면으로 이해하고
[시공간 차례가기 원리]로
스캔하여 구사하라

❷ 잡아당기는 행위로 (pulled : 원인 작용)
➡ ❹ 출발점으로부터 떨어져 나와 거리를 두는 관계
   (from : 결과 상태)

5 Tom bought a ticket from the ticket machine.

→ 톰은 티켓머신으로부터 한 장의 티켓을 샀다.

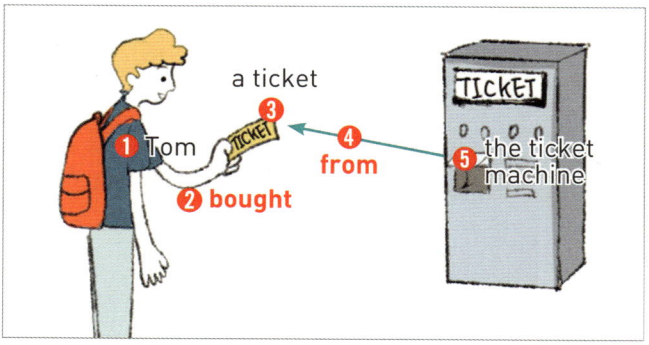

장면으로 이해하고
[시공간 차례가기 원리]로
스캔하여 구사하라

❷ 사서 갖는 행위로 (bought : 원인 작용)
➡ ❹ 출발점으로부터 떨어져 나와 거리를 두고 있는 장면
   (from : 결과 상태)

5) in

1 She put her dirty clothes in the laundry basket.

→ 그녀는 더러운 옷들을 세탁바구니에 넣었다.

in

⟨X in Y⟩

X가 Y(3차원 공간, 용기) 안에 이미 들어가 있는 관계를 in으로 표현.

장면으로 이해하고 [시공간 차례가기 원리]로 스캔하여 구사하라

❷ 놓는 행위로 말미암아 (put : 원인 작용)
➡ ❹ 안에 위치하는 관계 (in : 결과 상태)

2 One day he put something in a bag.

→ 하루는 그는 어떤 것을 가방에 넣었다.

장면으로 이해하고 [시공간 차례가기 원리]로 스캔하여 구사하라

❷ 놓는 행위로 말미암아 (put : 원인 작용)
➡ ❹ 안에 위치하는 관계 (in : 결과 상태)

6) into

into

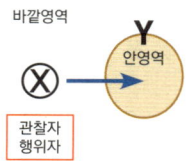

⟨X into Y⟩

밖에 있던 ⓧ가 다른 영역의 한계(경계)를 넘어 Y 안으로 맞추어 이동해 가는 관계를 into로 표현.

1 She poured the rice into a pot.
→ 그녀는 쌀을 냄비에 부었다.

장면으로 이해하고
[시공간 차례가기 원리]로
스캔하여 구사하라

❷ 쏟아붓는 행위로 말미암아 (poured : 원인 작용)
➡ ❹ 안으로 맞추어 들어가는 관계 (into : 결과 상태)

2 Put the key into the ignition.
→ 키를 점화장치(시동장치) 안으로 넣어라.

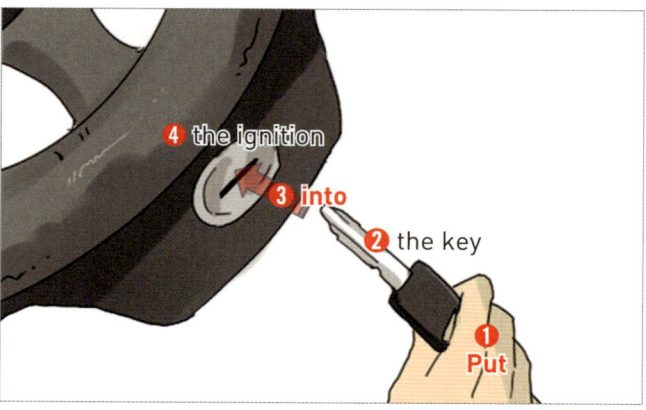

장면으로 이해하고
[시공간 차례가기 원리]로
스캔하여 구사하라

❶ 놓는 행위로 말미암아 (put : 원인 작용)
➡ ❸ 안으로 들어가는 사이 관계 (into : 결과 상태)

7) 탈락의 of

The doctor cured me of rheumatism.
→ 의사가 나의 류머티즘을 치료했다.

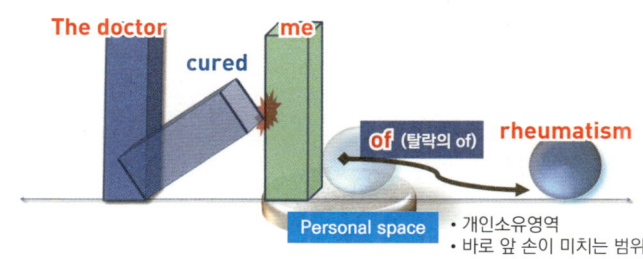

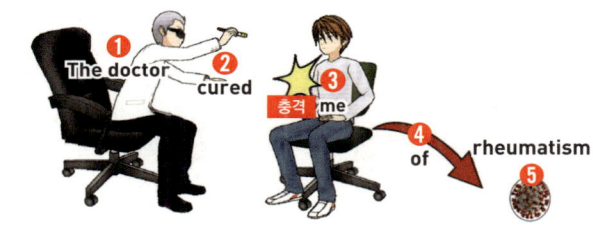

❶ 의사의 (The doctor)
❷ 치료의 손길이 미쳐서 (cured : 원인 작용)
❸ 나로부터 (me)
❹ 떨어져 나가서 구분되는
   (탈락의 of : 원인에 의한 결과 상태)
❺ 류마티즘병 (rheumatism)

의사의 치료하는 원인 행위(cured)에 의해, 나와 함께 하고 있던 류마티즘이 떨어져 나가 구분되는 결과(탈락/구분의 of)가 있음을 표현하고 있다.

'위치 감각', '시간 감각', '힘의 작용 순서에 따른 원인과 결과' 등을 생각하며 ①에서 ⑤까지 차례가기로 인지·구사하는 것이 영어식 사고방식이다.

---

of

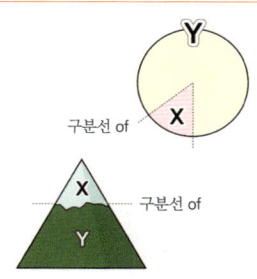

⟨X of Y⟩
X가 Y의 한 부분이며, 원래 한 개체를 단지 둘로 갈라서 나누어 구분해 보는 관계를 of로 표현.

탈락의 of

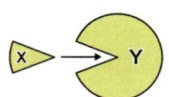

of는 off와 원래 같은 어원인 「떨어져서」라는 뜻에서 나온 말이다. 그러나, 원래 하나였으나 어떤 힘에 의해서 둘로 나누어 분리되어 짐을 '(탈락의) of'로 나타낸다.

**탈락의 of에 대한
실생활의 예에서 이해하기**

① 외부의 힘(충격)이 작용하여 내가 들고 있던(소유하고 있던) 물건을 떨어뜨리는(구분 되는) 장면,
② 걷어차거나 흔드는 외부의 힘(충격)에 의해 나무가 소유하고 있던 열매가 떨어져 나가는 장면.
이들 장면을 연상하면 이해할 수 있는 문장 구조이다.

8) off

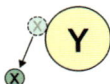

off

⟨X off Y⟩

개체 X가 다른 개체 Y에 접촉해 있다가 이탈·분리되어 사이가 벌어진 경우 off로 표현.

1 He took his foot off the clutch.

→ 그는 자동차의 클러치에서 그의 발을 떼었다(뺐다).

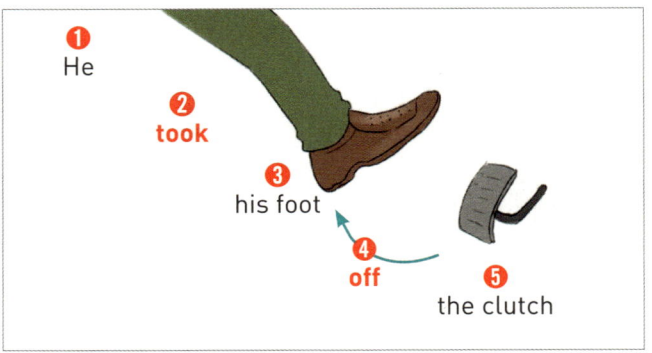

❷ '주어(행위자) 쪽으로 취하여 잡아당기는 동작(힘의 - 방향)'이 목적어 (his foot)에게 영향을 끼쳐서 (take : 원인 작용)
➡ ❹ 그의 발이 접촉해 있던 클러치로부터 분리·이탈되는 결과(off)가 나온 장면 (off : 결과 상태)

2 Tom took the serving dishes off the table.

→ 톰은 접대용 접시들을 테이블에서 뺐다.

장면으로 이해하고 [시공간 차례가기 원리]로 스캔하여 구사하라

❷ '주어(행위자) 쪽으로 취하여 잡아당기는 동작(힘의 - 방향)'이 목적어 (the serving dishes)에게 영향을 끼쳐서 (take : 원인 작용) ➡ ❹ the serving dishes가 접촉해 있던 the table로부터 분리·이탈되는 결과(off)가 나온 장면 (off : 결과 상태)

9) on

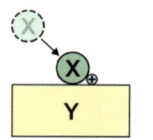

⟨X on Y⟩

X가 Y에 여러 모양으로 더해져 닿아 있거나, Y 자체의 기능(목적)에 의존하고 있을 때 on으로 표현.

◘ He poured some dressing on his salad.
→ 그는 샐러드에 약간의 드레싱을 부었다.

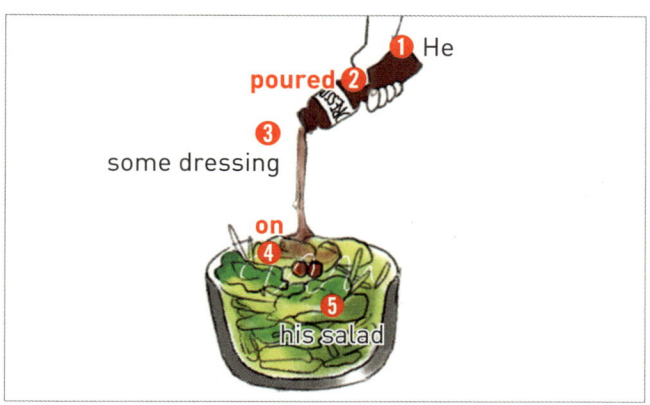

장면으로 이해하고
[시공간 차례가기 원리]로
스캔하여 구사하라

❷ 쏟아붓는 행위로 말미암아 (poured : 원인 작용)
➡ ❹ 더해져 닿게 되는 (접촉해 있는) 결과 상태
   (on : 결과 상태)

◙ He put his hat on the table.
→ 그는 모자를 탁자 위에 놓았다.

장면으로 이해하고
[시공간 차례가기 원리]로
스캔하여 구사하라

❷ 놓는 행위로 말미암아 (put : 원인 작용)
➡ ❹ 더해져 닿게 되는(접촉하는) 결과 상태(on : 결과 상태)

10) onto

She squeezes toothpaste onto her toothbrush.

→ 그녀는 치약을 칫솔에 짰다.

onto

⟨X onto Y⟩

X가 Y 위에 맞추어 더해지는(꽉 달라붙게 하는) 관계를 onto로 표현.

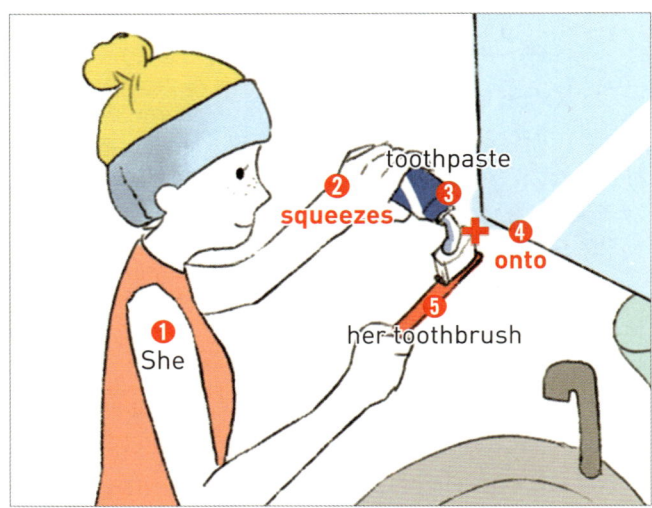

장면으로 이해하고 [시공간 차례가기 원리]로 스캔하여 구사하라

❷ 꽉 짜는 행위로 말미암아 (squeezes : 원인 작용)
➡ ❹ 더해져 꽉 달라 붙게 되는 결과 장면 (onto : 결과 상태)

위 장면을 우리는 '그녀는 치약을 칫솔에 짰다.'라고 해석하지만, 영어를 사용하는 원어민은 **cause to have 법칙이 적용**된 '그녀는 치약을 짜서 치약이 칫솔에 꽉 달라붙게 했다.'라는 식으로 바라본다.

장면으로 이해하고 [시공간 차례가기]로 스캔하여 구사하라

out

부사로서 「밖(에)으로」, 「드러남」, 「없어져서」 등의 뜻을 나타낸다.

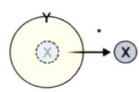

드러남

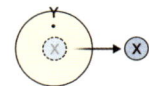

안 보임(없어져서)

장면으로 이해하고
[시공간 차례가기 원리]로
스캔하여 구사하라

11) out

1 Mary **takes** a garbage bag **out** to the garbage can.

→ 메리는 쓰레기봉투를 가지고 나가 쓰레기통으로 갔다.

❷ 취하여 가져가는 행위로 말미암아 (takes : 원인 작용)
➡ ❹ ❺ 밖으로 나가서 의도한 곳으로 이동하는 결과 장면
   (out to : 결과 상태)

장면으로 이해하고 [시공간 차례가기]로 스캔하여 구사하라

out of

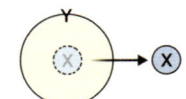

⟨X out of Y⟩

X가 Y의 영역 안에서 밖으로 (빠져) 나오거나 벗어나 있음을 out of로 표현

2 I **took** the will **out of** his pocket.

→ 나는 그의 주머니에서 유언장을 꺼냈다.

❷ 취하여 빼는 행위로 말미암아 (takes : 원인 작용)
➡ ❹ 밖으로 떨어져 나온(구분되어진) 결과 장면
   (out of : 결과 상태)

장면으로 이해하고 [시공간 차례가기]로 스캔하여 구사하라

12) over

over

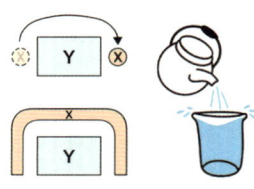

⟨X over Y⟩

X가 Y(장애물·한계)를 위로 넘어서는 움직임(↑)을 가져갈 때나, 더 큰 X가 Y의 위쪽에서 덮는 관계를 over로 표현.

1 Jenny runs some water over her toothbrush.

→ 제니는 약간의 물이 칫솔에 흘러 넘치게 한다.

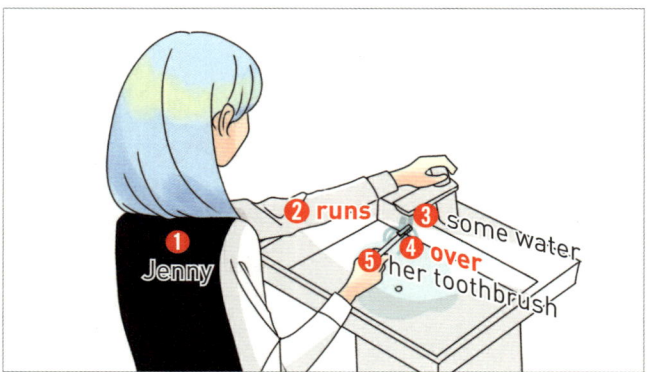

장면으로 이해하고 [시공간 차례가기 원리]로 스캔하여 구사하라

❶ 빠르게 흐르게 하는 행위로 말미암아 (runs : 원인 작용)
➡ ❷ 위로 흘러 넘치는(덮는) (↑) 결과 장면
　　(over : 결과 상태)

2 John tossed the penny and put his hand over it.

→ 존은 동전을 토스한 후에 그의 손을 동전 위에 덮었다.

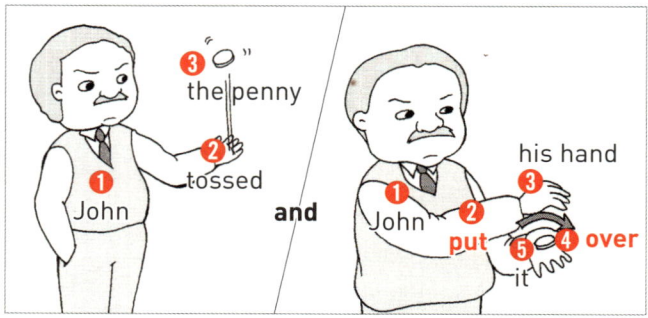

장면으로 이해하고 [시공간 차례가기 원리]로 스캔하여 구사하라

❷ 놓는 행위로 말미암아 (put : 원인 작용)
➡ ❹ 위를 덮는 (↑) 결과 장면 (over: 결과 상태)

13) to

She followed the signs to her gate.
→ 그녀는 표시를 따라 출입문으로 갔다.

to

⟨X to Y⟩

to는 다른 장소, 상태, 시간으로의 이동(변화)을 의미한다.

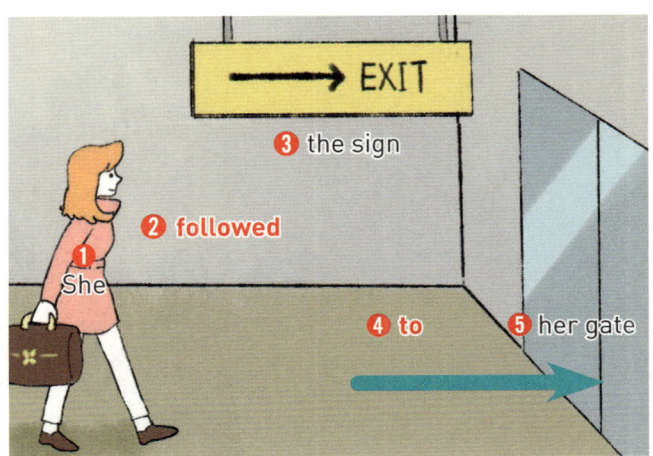

장면으로 이해하고
[시공간 차례가기 원리]로
스캔하여 구사하라

❶ 따라가는 행위로 말미암아 (followed : 원인 작용)
➡ ❷ 의도한 곳으로 시공간을 이동하는 결과 장면
    (to : 결과 상태)

14) next to

Mary put the message next to the phone.
→ 메리는 그 메시지를 전화기 인접한 곳에 놓았다.

next to

⟨X next to Y⟩

X와 Y의 사이가 '바로 다음에 인접하여 있는 관계'를 의미한다.

장면으로 이해하고
[시공간 차례가기 원리]로
스캔하여 구사하라

❶ 놓는 행위로 말미암아 (put : 원인 작용)
➡ ❷ 바로 인접한 곳에 위치하는 결과 장면
    (next to : 결과 상태)

15) together

1 He put a puzzle together.
→ 그는 퍼즐을 맞췄다.

together

together는 부사로서, 「함께, 합쳐, 결합하여」의 뜻을 갖고 있다.

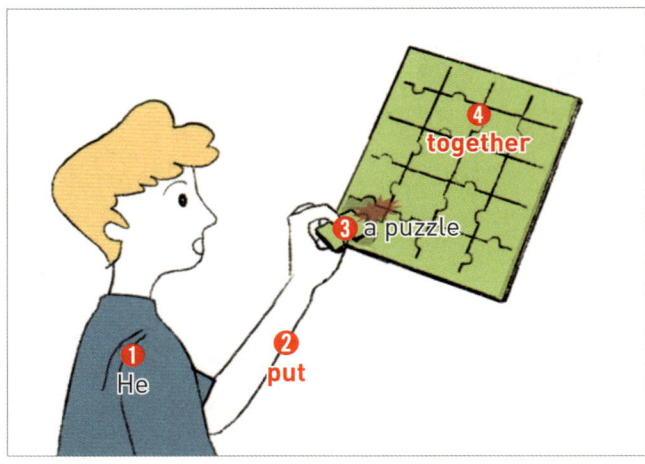

장면으로 이해하고 [시공간 차례가기 원리]로 스캔하여 구사하라

❷ 놓는 행위로 말미암아 (put : 원인 작용)
  ➡ ❹ 의함께 결합되는 결과 장면 (together : 결과 상태)

2 I nail them together.
→ 나는 그것들을 함께 못 박는다.

장면으로 이해하고 [시공간 차례가기 원리]로 스캔하여 구사하라

❷ 못 박는 행위로 말미암아 (nail : 원인 작용)
  ➡ ❹ 함께 결합되는 결과 장면 (together : 결과 상태)

16) up

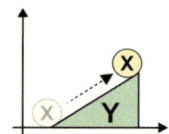

⟨X up Y⟩

X가 Y의 낮은 데서 위로 움직여 가는 관계

1 I jacked the car up.

→ 나는 잭(소형 기중기)으로 차를 들어 올렸다.

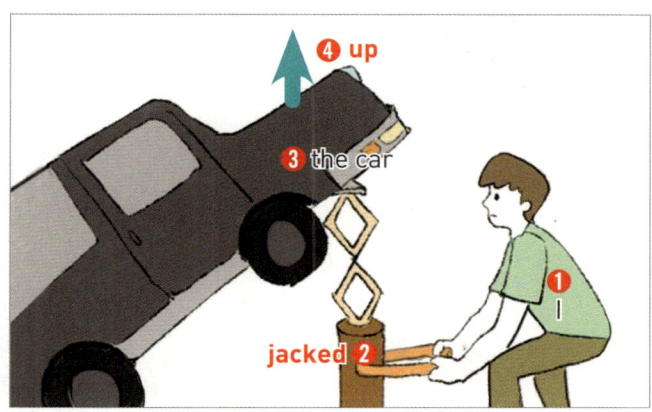

장면으로 이해하고 [시공간 차례가기 원리]로 스캔하여 구사하라

❷ 잭(소형기중기)으로 들어올리는 행위로 말미암아 (jacked : 원인 작용)
➡ ❹ 위로 올라가는 결과 장면 (up : 결과 상태)

2 I put my hand up to ring.

→ 나는 종을 울리기 위해 손을 위로 올렸다.

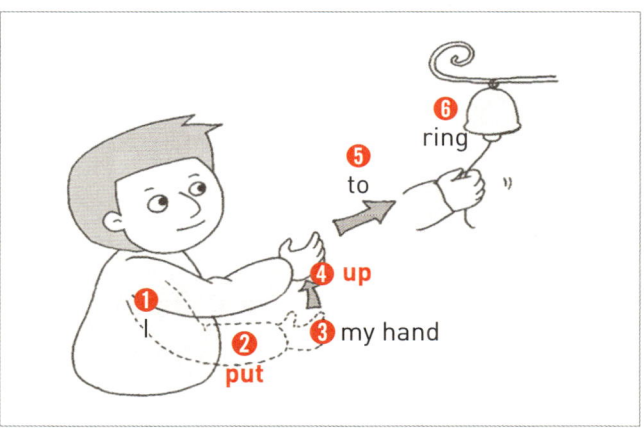

장면으로 이해하고 [시공간 차례가기 원리]로 스캔하여 구사하라

❷ 놓는 행위로 말미암아 (put : 원인 작용)
➡ ❹ 위로 올라가는 결과 장면 (up : 결과 상태)

17) through

through

⟨X through Y⟩

X가 Y의 내부를 통과하는 관계를 through로 표현.

장면으로 이해하고
[시공간 차례가기 원리]로
스캔하여 구사하라

She wipes the card through the reader.
→ 그녀는 카드를 리더기로 읽었다.

❶ 쓱 긁는(닦는) 행위로 말미암아 (wipes : 원인 작용)
➡ ❷ 내부를 통과하는 결과 장면 (through : 결과 상태)

 그녀가 카드를 리더기로 읽는(긁는) 장면을 '힘의 원리'와 **'cause and effect (인과관계)법칙'**을 적용하여 사고하면, 쓱 긁는 행위가 카드에 영향을 미쳐서 그 카드가 리더기를 통과하게 되는 결과를 낳는 것으로 인지하게 된다.

왜, 이미지와 기본문형이 중요할까?

〈하광호 교수의 영어의 바다에 헤엄쳐라 _ 각론편〉

p. 148~149 _ [듣기 과정]의 기법 중
1. 듣는 사람은 말을 듣자마자 **이미지**로 바꾸어 단기 기억 속에 저장한다.
귀를 통해서 다른 사람의 말을 이해하려고 할 때 사람은 상대방이 하는 말을 받아들이면서 그 말을 이미지로 바꾸어 단기 기억장치에 저장한다. 말을 들을 때는 이미지가 중요하다. 말의 이미지를 포착하지 못하면 상대방의 말은 못 알아들은 상태로 지나가 버리고 만다. 들은 말의 전부를 저장한다는 것은 불가능하고 필요 없는 일이므로 이미지로 바꿀 수 있는 능력이 중요하다.
2. 말의 **이미지**를 구성 분자들(내용, 목적)로 조직을 한다.
말하는 사람들의 말을 이미지로 포착하여 내용, 먹적별로 아주 순식간에 조직한다.

p.15 _ [듣기이해]의 세부적인 기법 중
11. 영어만이 가지고 있는 **기본 문형을 철저하게** 알아차릴 것.
외국어 습득에서 이것이 가장 중요하다고 할 수 있다. 차라리 발음은 서툴더라도 문장 패턴을 먼저 익히는 것이 절대 중요하다. 국제 결혼한 한국 여성들 중에는 발음은 어느 정도 되지만 문장 패턴이 익혀지지 않아 한국에서 보는 어떤 화교들의 한국말처럼 말이 끊어지는 식으로 하는 경우가 허다하다.
문장 패턴이란 원론적으로 말하면 한국에서 말하는 5형식에 다 들어가는 것이지만 그 하나 하나의 문장 형식이 가지를 치고 접속사로 연결되고 해서 수없이 복잡해진다. 이 기본 문형들을 귀로 듣고 문장을 많이 읽고 해서 습득해야 한다. 기본 형식을 뼈다귀라고 하면 따라붙는 살이 많기 때문에 부지런히 익혀서 자기 것으로 만들 수밖에 없다.

p.220 _ [쓰기]를 잘하려면 중
영어의 문형을 익혀라
언어의 네 가지 기능 가운데서 가장 어려운 것이 쓰기일 것이다. 영어를 모국어로 하는 미국 사람들도 쓰기를 어려워하기는 마찬가지다. 말하기, 듣기, 읽기는 잘해도 쓰기에서는 펜이 잘 나가지 않는 사람들이 적지 않다. 여기서 쓰기는 두 갈래로 나누어 설명할 수 있다. 하나는 공식적인 서류, 편지, 대학에서의 리포트 작성 같은 특별히 글 주재가 없어도 기본 문형만 익히고 있으면 해낼 수 있는 쓰기. 이것은 대부분의 한국 사람들이 쓰기의 목표로 삼는 기능이다. 다른 하나는 수필이나 시, 소설 같은 작문을 하는 것으로 어느 정도 글재주가 있어야 할 수 있는 쓰기가 그것이다. 이것은 전문 글쓰기에 속하는 것으로 문학과 관련된 부분이 될 터이다. 내가 여기서 말할 수 있는 것은 첫 번째 쓰기, 즉 영어의 문형을 익혀서 하는 쓰기다.

p.289 _ 말하기의 충고
셋째, 자주 학습한 "**언어의 틀**(stentence pattern)"을 따 담으라.
넷째, 학습자 자신이 배운 "**언어의 틀**(stentence pattern)"을 많이 써먹도록 재생산하라. 자기가 따 담은 표현들을 어쨌든 자주 써먹을 수 있도록 애쓰라는 이야기다.

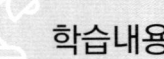 학습내용

앞장에서 전통문법의 5가지 기본 문형들을 익혔다.

그런데, 문장틀 속에 들어가는
'주어, 목적어, 보어'가
단어로만 이루어진 것은 아니다.

원어민들은 주어, 목적어, 보어를
단어 이외의 다양한 형태로 표현한다.

그 중 가장 중요한
that-S+V 형태 → [절],
to-V원형 형태 → [to부정사],
V-ing 형태 → [동명사, 현재분사] 등에 대해
집중적으로 조명해 보자.

시 공 간 차 례 가 기 영 어

PART 04

다양한 형태의
주어·목적어·보어

STEP 1. to – V원형 형태

STEP 2. that – S + V ~ (절)

STEP 3. V – ing 형태

조 동 진 의 영 어 학 습 법
시 공 간 차 례 가 기 영 어

PART 04

다양한 형태의
주어, 목적어, 보어

STEP 01

to-V 원형 형태

통계로 보는 다양한 구문들의 중요도

원어민들은 주어, 목적어, 보어에
다양한 형태들을 어느 정도 자주 사용할까?

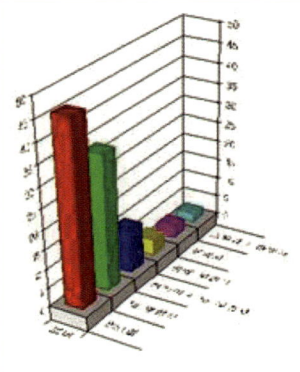

미 백악관에서 사용된
8,000여 문장을 분석한
통계 결과[1]

1 that-S+V 형태를 사용한 보어 〈 46% 〉
  예 I know that he left.
     I know he left. (that 생략)

2 to-V원형 형태 〈 34% 〉
  예 I want to leave.

3 목적어 + to-V원형 형태 〈 11% 〉
  예 I want him to leave.

4 to가 없는 원형부정사 〈 4% 〉
  예 I let him leave.

5 V-ing 형태 〈 3% 〉
  예 I enjoy swimming.

6 소유격 + V-ing 형태 〈 2% 〉
  예 I resent his leaving.

위의 통계에서 보는 바와 같이, to-infinitive(to부정사)와 that-cause(that절)를 가장 많이 사용하고, 동명사는 그 사용이 좀 미미하다. 그런데, 이런 형태들은 어디에 쓰는 도구들일까?
각자 고유한 의미를 갖고 있는데, 그것이 무엇인지 알아보자.

---

1) 서무선, Mt. San Antonio 대학강사, (1994), 이것이 본토영작문이다. pp.117-118, 북코아

PART 04 _ 다양한 형태의 주어·목적어·보어

STEP 01　to-V원형 표현은 무엇에 쓰는 물건인고?

1. 동사원형(V원형·원형부정사) – 즉각 반응(동작발생)을 표현한다.

아래 〈그림1〉을 살펴보자.

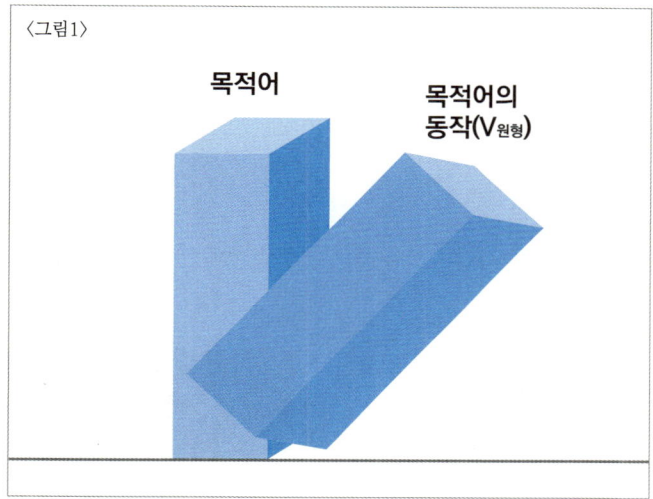

▶ 행위자로부터 동작이 바로 나온 경우로,
　① 행위자가 동작에 닿아 있고
　② 행위자의 바로 앞(오른쪽/미래방향)
　　소유영역(personal space)에 행위가 놓여
　　그 행위를 소유한 상태를 의미해서
　「행위자가 움직이는 것」으로 풀이된다.

따라서, 동사원형은 '즉각 반응(동작발생)'을 표현하는 도구이다.

예문
She made me cook.
→ 그녀는 나에게 요리를 시켰다.

2. to-V원형(to부정사)
– 미래의 일(앞 일)과 추론을 표현한다.

1) 물리적 측면에서의 〈to-V원형〉
시공간상에서 '앞에 둔 일', '미래에 해야 할 일'을 표현하는 도구이다.

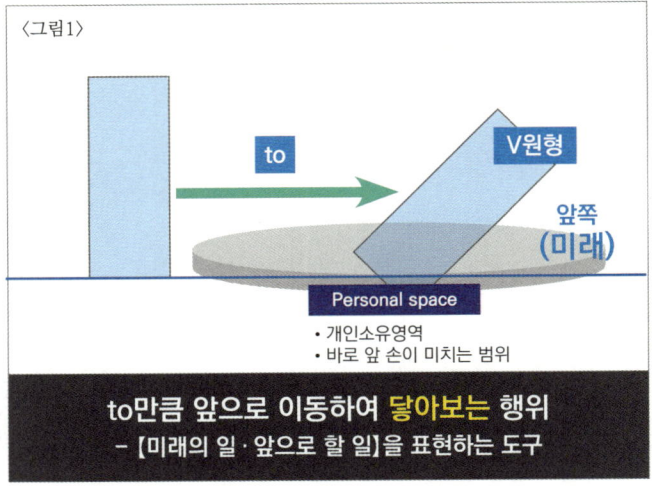

위 〈그림1〉을 보면, 행위자가 의도한 행위를 앞에 두고 바라보고 있다.

의도한 행위란? 해야 할 일, 계획한 일, 그리고 약속된 일 등을 의미하는데, 이런 행위는 물리적인 시공간상에서 행위자가 앞으로(미래로) to만큼 〈사이공간〉을 이동하여 닿아야만 발생한다. 따라서 to-V원형은 '앞에 둔 일', '미래에 해야 할 일'을 표현한다.

예문
I asked him to wash my car.
→ 나는 그에게 내 차를 세차해 달라고 부탁했다.

2) 추상적 측면에서의 〈to-V원형〉
개인의 주관적 생각(추론)을 담는 도구이다.

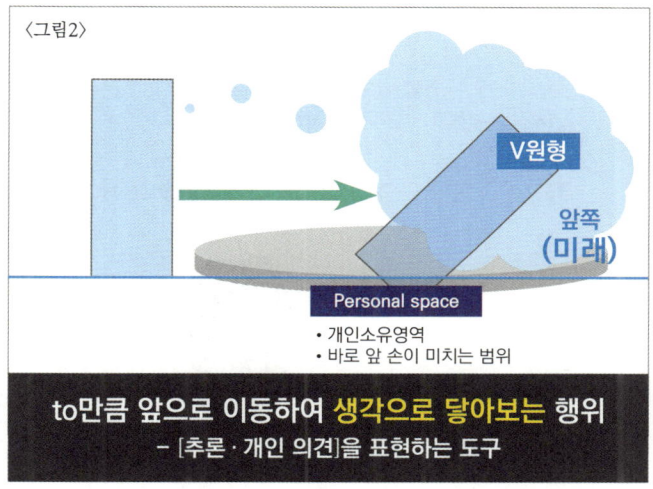

위 〈그림2〉에서 행위자의 시점에서 보면, 앞으로(미래로) to만큼 〈사이공간〉을 생각으로만 이동하여 닿아보는 행위이다.

이와 같이 '생각으로 닿아본 행위'를 '추론'이자 '개인의 주관적 생각'이라고 한다. 따라서 to-V원형은 '생각으로 닿아본 일', '추론', 그리고 '개인의 주관적 생각'을 담는 도구이다.

예문
I think him to be honest.
→ 나는 그가 정직할 거라고 생각한다.

3. 다양한 문형에서의 [to-V원형]

앞에서 [to-V원형]은 미래의 일과 추론을 담는 도구(그릇)임을 알아보았다. 이제, 다양한 문형에서 [to-V원형]이 사용되는 예를 하나 하나씩 살펴보자.

1) 단순 이동이나 단순 행위 표현 + to-V원형

1 **I ran to help the injured man.**
→ 나는 다친 남자를 돕기위해 달렸다.

영어 어순
[시공간 차례가기 원리]

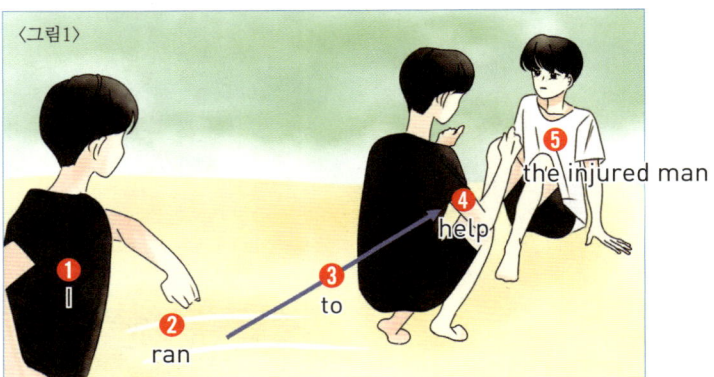

〈그림1〉은 부상자를 발견한 후, 내가 도움의 손길을 주기까지의 과정을 그린 **「차례가기 그림」**이다.

 이해하기

내가 해야 할 일(가서 닿아야 할 앞에 둔 일)을 저만치 앞에 두고 있는 장면이다. 이 장면을 힘의 시공간 이동 순서로 보면 다음과 같이 이해된다.

'I(나)는 I(나)로부터 나온 ran이라는 동작(수단)을 통해 〈사이공간의 to〉만큼 이동하여 의도했던 help〈해야 할 동작(생각한 동작)〉에 닿게 되고, 그 help라는 행위는 the injured man(부상자)에 영향을 준다.'라는 것이다.

여기서 「달려간 동작(ran)을 통해 → 【사이공간】을 이동한 후 (to) → 도움(help)을 줄 수 있다」는 사실은 동작의 〈선·후 관계〉가 존재하고 있음을 깨닫게 한다. 즉 ran이 먼저 행해지고 그 후 help가 일어난다.

왼쪽부터 차례가기로 스캔하여 읽으면 영어 문장 완성!

2 He turned to see the sun setting.
→ 뒤돌아보니 해가 지는 것이 보였다.

영어 어순
[시공간 차례가기 원리]

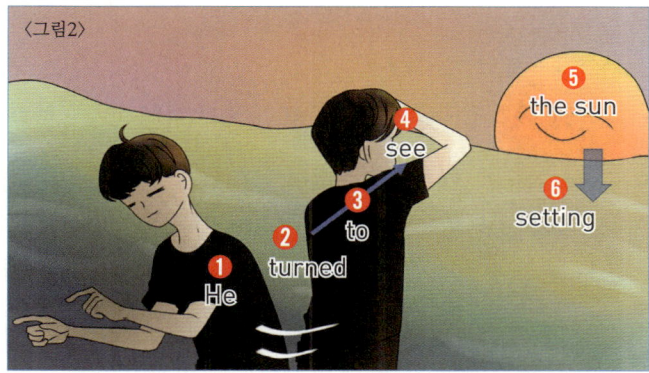
〈그림2〉

다른 예문을 하나 더 소개하겠다.

〈그림2〉는 백사장에서 부상자를 도운 후 뒤돌아 보니 떨어지는 낙조가 눈에 들어온 장면을 그린 「**차례가기 그림**」이다.

사건이 진행되는 과정을 묘사하면 다음과 같다.

❶ 그가 (He) → ❷ 몸을 돌린 (turned) → ❸ 결과 / 그 후에(to) → ❹ 시야 (see)에 들어오는 것은 → ❺ 태양이 (the sun) → ❻ 지고 있는 (setting) 장면

왼쪽부터 차례가기로 스캔하여 읽으면 영어 문장 완성!

구사 감각 다지기

❶ ❷ 모두 동작의 선후 관계가 중요

❶ 목적한 미래의 할 일로 해석하는 예

She **went** to America **to study** English.
→ 그녀는 영어를 공부하기 위해 미국으로 갔다.

We **stopped to have** a rest.
→ 우리는 휴식을 취하려고 멈추었다.

He **got up to answer** the phone.
→ 그는 전화를 받기 위해 일어났다.

She **stood up to see** better.
→ 그녀는 더 잘 보려고 일어섰다.

They **ran to help** the injured man.
→ 그들은 부상자를 도우러 뛰어갔다.

❷ 행위자의 움직임·변화의 결과 다음 행위(상태)에 닿아있는 경우로 해석하는 예

He **came to see** that he was mistaken.
→ (결국) 그는 자기 과오를 인정하게 되었다.

My grandmother **lived to be** eighty.
→ 우리 할머니는 80세까지 사셨다.

The good old days **have gone never to return.**
→ 그 옛날 좋은 시절은 결코 돌아오지 않는다.

He **glanced up to see** the door slowly opening.
→ 힐끗 쳐다보니 문이 천천히 열리는 것이 보였다.

2) 주어 + 동사 + to부정사(목적어)

1 I hope to see him.
→ 나는 그를 만나기를 희망해.

영어 어순
[시공간 차례가기 원리]

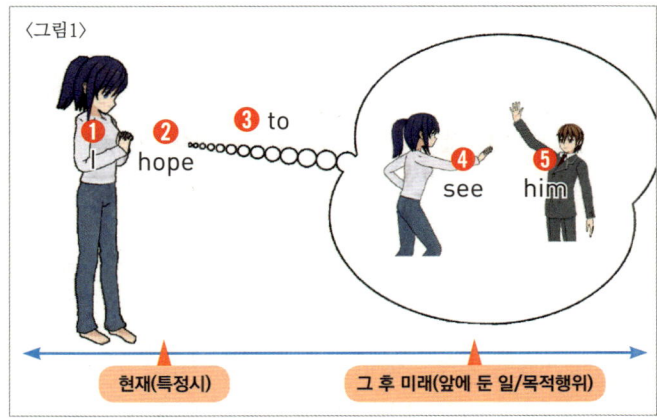

〈그림1〉

현재(특정시)   그 후 미래(앞에 둔 일/목적행위)

〈그림1〉은 현재 희망하는 모습에서부터 미래에 만나 보는 장면까지 사건의 진행 과정을 시공간 순서대로 그린 「**차례가기 그림**」이다.

❶ 내가 (I) → ❷ 희망하여 (hope) → ❸ 생각으로만 닿아 보는 (to) → ❹ 만나서 보는 행위 (see) → ❺ 그 보는 대상은 그(him)이다.

왼쪽부터 차례가기로 스캔하여 읽으면 영어 문장 완성!

 해설

우리는 **미래에 이루어야 할 일**을 「**앞 일**」 또는 「**앞에 둔 일**」이라고 한다. 이런 감각은 우리나 원어민들이나 마찬가지이다.

〈to〉는 「**저만치 앞(미래)쪽에 떨어져 있는 [사이공간]을 생각으로 이동해 가서 닿아 봄**」을 의미한다.

〈hope to see〉는 희망하여(hope) 생각으로 가서 닿아본(to) 만나서 보는(see) 행위로 hope가 먼저 일어나고 see가 나중에 일어나는 〈동작 선·후(전후) 관계〉를 표현하고 있다.
hope는 현실적으로 일어날 가능성이 있는 경우를 희망할 때 사용한다

구사 감각 다지기

「want, intend, plan, expect, like, hope, propose 등과 같은 미래 지향적 동사 + to-V원형」에서 'to'는 '앞으로, 미래에, 그 후에, 생각으로 닿아 본' 등을 의미한다.

We **hope[expect/propose] to** organize a youth club.
→ 우리는 청년회 만들기를 바란다 [기대한다/제안한다.]

I **like to** swim.
→ 나는 (현재) 수영하고 싶다. (앞으로 하고 싶은 일)
　☆ I like swimming. [나는 수영(일반 행위)을 좋아한다.]

You must **remember to** post a letter.
→ 너는 편지를 부쳐야 한다는 것을 기억해야 한다.

Don't **forget to** see him.
→ 그와 만날 것을 잊지 마세요.

I **tried to** smile.
→ 나는 웃으려고 노력했다.

I **prefer to** start early.
→ 나는 일찍 떠나고 싶다.

He **thinks to** deceive us.
→ 그는 우리를 속일 생각이다.

He **decided to** be a scientist.
→ 그는 과학자가 되기로 결심했다.

She **had decided not to** get married.
→ 그녀는 결혼하지 않기로 결심했었다.

to-V원형의 부정은 「not + to-V원형」인데, to -V원형 자체 내용을 부정한다.

3) 목적보어로서 원형부정사 대신 to-V원형이 오는 경우

I pressed a button to ring the stop signal.
→ 그녀는 멈춤 신호기를 울리게 하기 위해 버튼을 눌렀다.

등·하교 또는 출·퇴근 때 버스 안은 전쟁터를 방불케 한다. 다음 정류장 (my stop)이 내려야 할 곳이라면 the stop signal을 울려야 하기에 버스 안에 설치되어 있는 가장 가까운 버튼을 눌러야 한다. 이 장면에서 I와 a button, 그리고 the stop signal 사이의 위치 관계를 그림으로 표현하면 다음과 같다.

〈도미노 그림1〉

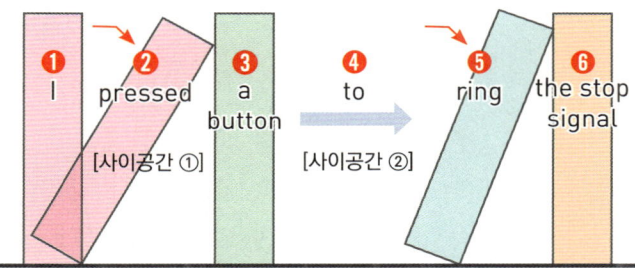

나와 a button 그리고 the stop signal 사이의 [사이공간 ① ②]에서 어떤 힘(움직임)이 작용할까?

[사이공간 ①]에서는 창 옆의 버튼들 중 하나를 누르면, 그 후 버튼은 [사이공간 ②]에서 전기적 신호가 전선을 타고 앞(미래)쪽으로 to만큼 〈시공간〉을 이동한 후에야 생각으로 닿아 본 즉, 목적으로 한 동작 ring(울리는 동작)을 하게 된다. 여기에는 '먼저 누르면, 그 후에 생각으로 닿아본 울리는 행위를 소유할 수 있다'라는 〈동작의 선·후 관계〉 및 〈cause and effect 법칙〉이 존재한다.

to는 「앞으로, 미래에, 그 후에 등」의 감각으로 이해하면 된다.

조동진의 차례가기 영어

영어 어순
[시공간 차례가기 원리]

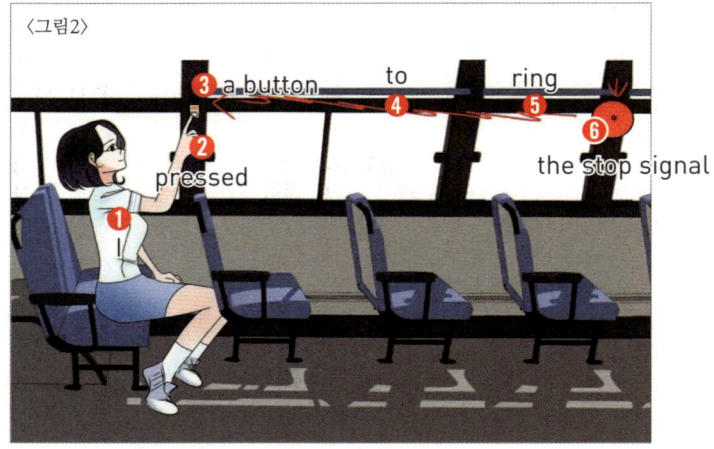

〈그림2〉

왼쪽부터 차례가기로 스캔하여 읽으면 영어 문장 완성!

 관사 이야기

　　버스 안에는 운전석 근처에 운전사가 들을 수 있게 멈춤 신호기가 하나만 존재하며, 어떤 것인지 승객들은 다 알고 있다. 그래서 the를 붙여서 the stop signal로 쓴 것이다.

　　그런데, 손님들이 누르는 버튼은 같은 종류의 여러 개가 창가 쪽에 있다. 그 중 하나를 눌렀다는 것을 표현하기 위해 a button으로 표현한 것이다.

4) 주어 + '시키다' 동사 + 목적어 + to-V원형

1 I got him to wash the car.
→ 나는 그에게 차를 닦게 했다.

이제 사역동사(~에게 …을 시키다) 중 원형부정사 대신 to-V원형이 오는 준사역동사 get에 대해 알아보자.

2 get은 다음에 왜 to-V원형이 올까?

심화학습

have ➡ personal space
행위자 바로 앞 '손이 미치는 영역'에 무엇인가 이미 더해져 있는(가지고 있는) 상태.

take ➡ here
have 영역보다 더 앞쪽까지의 '여기 영역'에서 어떤 것을 이익적으로 손으로 취해 가져가는 행위.

get ➡ there
take 영역보다 더 먼 앞쪽까지의 '저기(다른) 영역'의 어떤 것을 애써서 확 얻는 행위.

get은 '다른 데로 애써 가서 얻거나! 혹은 다른 데서 어떤 과정을 거쳐 확 들어와 얻는 느낌!'에서 '드디어 이루었다'라는 성취감과 '이제 알았다'라는 깨달음 등이 존재한다.

〈그림2〉

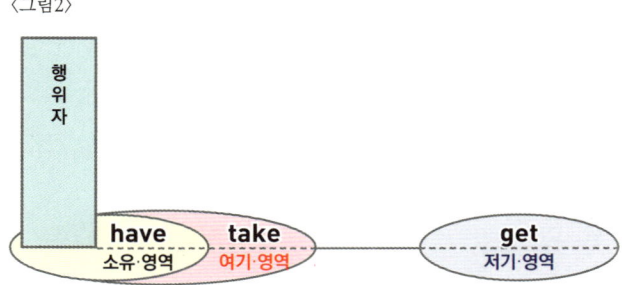

〈그림2〉에서 여기와 저기는 물리적 공간에서 떨어져 있다. 그 떨어져 있음은 같이 있는 것이 아니기에 거리감이 있다고 한다. 그 거리감은 상태 및 추상적 거리감으로 확장되어 모름, 다름을 의미하기도 한다.

그러면, 여기가 〈모르는 혹은 안 하는 영역〉이라면 그것과 거리감이 있는(다른) 저기는 〈아는 혹은 하는 영역〉이 된다.

영어 어순
[시공간 차례가기 원리]

〈도미노 그림1〉

① I　② got　③ him　④ to　⑤ wash　⑥ the car

[사이공간 ①]　[사이공간 ②]

여기 영역　저기 영역

해설

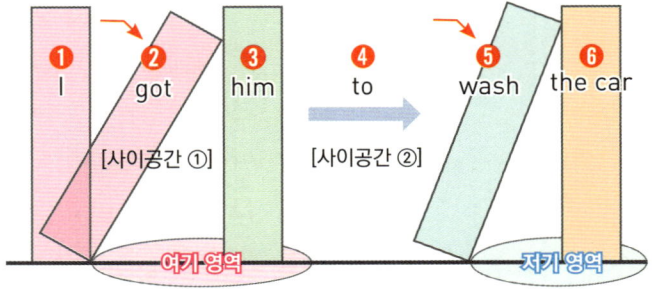

① 내가 설득(persuade)하는 혹은 야기시키는(cause) 어떤 노력 등의 과정을 통해 ➡ I got
② 그가 그 후 스스로 해야 할 일을 앞에 두도록 (즉, 소유하도록) 하다. ➡ him to wash the car.

차를 닦으려고 할 생각이 없는 상태(여기 영역)와 차를 닦으려고 하는 상태(저기 영역)는 '거리감'이 있다. 어떻게든 이 상태에서 저 상태로 가도록 확 얻으려는 '노력·설득 과정'을 get으로 표현하고 있다.

따라서, 위 장면을 '내가 그를 설득하는 과정을 통하여 그로 하여금 그 후 스스로 차를 닦게 했다.'라고 이해한다.

왼쪽부터 차례가기로 스캔하여 읽으면 영어 문장 완성!
I got him to wash the car.

🟧 예 문
I got him to wash the car.
= I persuaded him to wash the car.

먼저, 위 문장에서 got이라는 동사를 보는 순간 '그가 스스로 〈안 하려는 상태 영역〉에서 저 앞쪽의 거리감이 있는 〈하는 상태 영역〉으로 가도록 어찌 어찌 애써서 확 얻는 장면을 연상할 수 있어야 한다.
여기서 어찌어찌 애써서 확 얻는 got의 모습은 persuaded (설득하고 또 설득했다)라는 모습이 떠오르기에 바꿔 쓸 수도 있다.

다음은 him to wash라는 표현이다.
him과 wash라는 행위 사이의 사이관계를 to로 표현하고 있다. 이것은 그가 got(persuaded)이라는 원인 행위에 의해 설득되어 **'안 하려던 상태에서 하는 상태'로 스스로 가서 닿음**을 to로 표현했다는 것이다. 물론 가서 닿은 행위는 wash이다.

정리하면, 여기서의 to-V원형은 다른 상태로의 시공간 이동 및 그 후 스스로 그 행위에 가서 닿은 미래 행위를 표현하고 있다.

이제 〈주어 + got + 목적어 + to-V원형 ~〉 문형을 이해할 수 있을 것이다.

구사 감각 다지기

advise My mother advised me not to meet Sue.
충고하다 → 나의 어머니는 내가 Sue(수)를 만나지 않는 것이 좋겠다고 충고하셨다.

allow I can't allow you to go there.
허락하다 → 나는 네가 거기에 가는 것을 허락할 수 없다.

ask I asked him to wash my car.
부탁하다 → 나는 내 차를 세차해 달라고 그에게 부탁했다.

cause The hard rain caused the small river to overflow.
시키다 → 강우 때문에 그 조그만 강이 범람했다.

command My teacher commanded me to wipe the windows.
명령하다 → 나의 선생님은 나에게 창문들을 닦으라고 명령하셨다.

compel I compelled him to confess.
강제로 시키다 → 나는 그에게 강제로 고백케 했다.

drive Hunger drives one to steal.
강제로 몰고 가다 → 배가 고프면 도둑질을 하게 된다.

entice He enticed me to steal the money.
부추기다, 꾀다 → 그는 내가 그 돈을 훔치게끔 부추겼다.

expect I expected her to come.
기대하다 = I expected that she would come.
  → 나는 그녀가 오길 기대했다.

force 억지로 ~시키다	We forced him to do it. → 우리는 그에게 그것을 억지로 시켰다.	
help 돕다	I helped my father to paint the house. → 나는 아버지께서 집을 페인트칠하는 것을 도왔다.	
intend 할 생각이다	I intend my son to be a writer. → 나는 아들을 작가로 만들 생각이다.	
invite 정식으로 의뢰하다	I invited my friends to have a dinner with me. → 나는 나의 친구들과 저녁을 같이하기 위해 초대했다.	
lead ~할 마음이 들게 하다	Fear led me to tell lies. → 무서움이 나로 하여금 거짓말을 하게 했다.	
persuade 설득하다	They persuaded the drunken man to leave. → 그들은 취한에게 물러가도록 설득했다.	
press 재촉하다	I pressed my mother to give me more money. → 나는 어머니에게 돈을 좀 더 달라고 졸랐다〈재촉했다〉.	
tell 말하여 전하다	My teacher told me to be quiet. → 나의 선생님은 나에게 조용히 하라고 분부하셨다.	
want 원하다	I want Tom to buy some fruit. → 톰이 과일을 사왔으면 한다.	
warn 경고하다	My boss warned me not to be late. → 나의 상관은 나에게 늦지 말라고 경고했다.	

5) to - V원형이 부사적 어구로 사용된 경우

Tom opened a can of cat food to feed his cat.

→ 톰은 그의 고양이에게 먹이기 위해 고양이밥 통조림을 열었다.

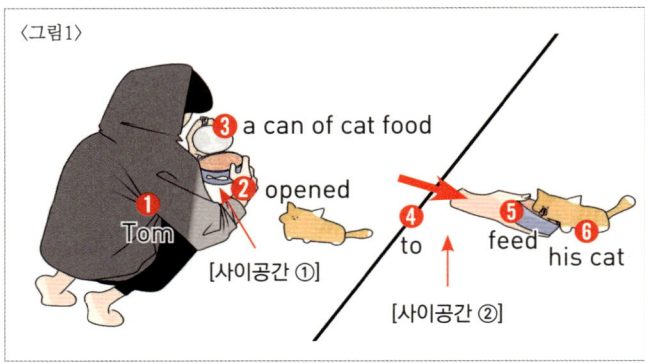

〈그림1〉

먼저, Tom과 a can of cat food의 [사이공간 ①]에서 여는 동작(opened)이 존재한다. 장면을 차례가기로 스캔하면

➡ Tom opened a can of cat food.

다음, 통조림을 깐 행위는 그의 고양이를 먹이기 위해서이다. 여기서 [사이공간 ②]의 to feed는 통조림을 깐 이후 앞으로 가서 닿아야 할(해야 할/앞에 둔/생각으로만 가서 닿아본) 행위이다. 여기서도 통조림을 연 행위(opened)와 먹이는 행위(feed)는 시간 순이 존재한다.(동작의 선·후관계)

➡ to feed my cat.

왼쪽부터 차례가기로 스캔하여 읽으면 영어 문장 완성!

심화 자료

1 a can of cat food의 어순

주인공 Tom의 앞에 통조림이 있다.
① 열기 전 먼저 보이는 것은 a can(깡통 하나)이다.
② 열어서 그 안에 들어 있는 of(담겨있는/구성하고 있는/내용물)를 확인하니,
③ cat food(고양이 음식) 있지요!

관찰자에게 인지되는 순서
① a can → ② of → ③ cat food.

어순은
첫째, 시간적으로 인지하는(보이는) 순서이다.
즉 [시간 차례가기 원리]가 적용되어 있다.
둘째, 공간적으로 겉(포장)에서 안(내용물)으로 [zoom in 법칙 + 공간 차례가기 원리]가 반영된 순서이다.

따라서, [시공간 차례가기 원리]가 적용된 어순이다.

▶ 「X of Y」
→ **X는 Y의 속성(재료)으로 이루어졌으며, 뗄래야 뗄 수 없는 한 부분임을 의미한다.**
= X(용기, 포장, 묶음)에 of (담겨진/이루는) Y(구성요소, 내용물, 속성)이다.

of는 담긴 내용물, 구성요소, 재료(속성) 등을 표시하는 도구이다.

2 묶음 단위 of 구성요소(내용물)

① a loaf 〈한 덩어리(묶음단위)〉를 → ② of 〈이루는 (구성하는)〉 요소는 → ③ bread(빵)
= a loaf of bread 빵 한 덩어리

비슷한 예
two loaves of bread 빵 두 덩어리
a slice of bread 빵 한 조각
a piece of cheese 치즈 한 조각
a piece of cake 케익 한 조각
a lot of bread, lots of bread 많은 빵

3 용기 + of + 담긴 내용물

a can of cat food 고양이 음식 통조림

비슷한 예
a can of soup 통조림 수프 1통
a bottle of milk 우유 한 병
a bag of flour 밀가루 한 포대
a cup of tea 차 한 잔
a cup of coffee 커피 한 잔
a jar of jam 잼 한 병(아가리 넓은 병)

4 용기 + of + 내용물들(복수)

a piece of cheese의 내용물 cheese는 재료로서의 cheese이다. 셀 수 없을 뿐만 아니라 셀 필요가 없다. 원래의 형태가 깨진 모양이라서 관사 없는 단수로 표현한다.

그런데, 아래 표현은 내용물을 복수로 표현했다. 이는 지극히 자연스러운 것이다.

a carton of egg**s** 계란 한 판(상자)

실생활에서 계란 한 판을 사가지고 와서 사용할 때, 계란 한 알 한 알 꺼내서 사용한다. 셀 수 있으며, 실제로 센다.

a pack of sweet**s** 사탕 한 봉지

사탕 한 봉지 안에 들어 있는 사탕들도 하나씩 하나씩 먹을 수 있게끔 포장되어 있거나 한 입 크기로 만들어놓았다.

a box of match**es** 성냥 한 갑

성냥 한 갑을 사면 실제 사용할 때, 하나씩 빼서 사용한다. 셀 수 있는 것이다.

6) 「to-V원형」의 목적어를 수식하는 형용사적 용법의 경우

형용사적 용법의 「to-V원형」도 to의 의미가 그대로 살아 있어서 [앞으로(이후에) 닿아야 할 / 생각으로 닿아본(목적으로 한) / 앞 둔(목적으로 한) 행위]로 해석한다.

I mark the places to cut.
→ 나는 자를 위치들을 표시하다.

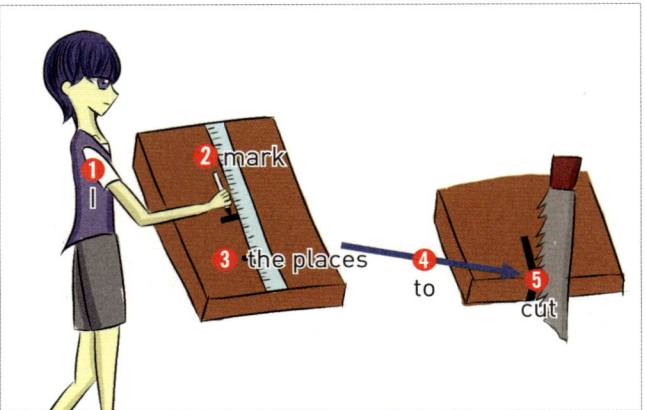

 설명

① mark(표시하다)한 후에나 cut(자르다)라는 행위가 일어남 (동작의 선후관계)

② 자르는 행위는 앞으로 하려는(혹은 해야 할) 행위로 생각으로 가서 닿아본 행위이기에 to가 필요하다.

왼쪽부터 차례가기로 스캔하여 읽으면 영어 문장 완성!
I mark the places to cut.

7) 「seem + to-V원형」

1 He seems to be an honest man.

> 화자가 개인적인 경험을 토대로 하여 특별한 인상을 받아 보여지길

> 생각이 가 닿는(생각이 도달한) 즉, 주관적인 생각(결론)은 to 이하의 내용이다.

He seems + to be an honest man.
→ 그는 보여지길 정직한 사람으로 판단돼.

참고

seem	말하는 이의 **주관적 판단**임을 강조
appear	외견뿐만 아니라 「실제로도 그렇다」를 암시 – **긍정적**
look	외관이 그와 같이 보이나, 「실제는 그렇지 않을지도 모른다」를 암시 – **부정적**

2 I believed him to be honest.

> 화자가 개인적인 경험을 토대로 믿어지길

> 생각이 가 닿은 결론 (주관적 생각)은 to 이하의 내용이다.

I believed him + to be honest.
→ 나는 믿어 그가 정직하다고.

참고

believe, know, think 등의 동사는
「**유보적인 주관적인(개인적) 의견**」임을 나타내는
본동사이다.

조 동 진 의 영 어 학 습 법
시 공 간 차 례 가 기 영 어

PART 04
다양한 형태의
주어, 목적어, 보어

STEP 02

that – S+V~ (절)

PART 04 _ 다양한 형태의 주어, 목적어, 보어

STEP 02   that-S+V~(절)

1. that- S+V~(절) 무엇을 표현하기 위한 도구인가?

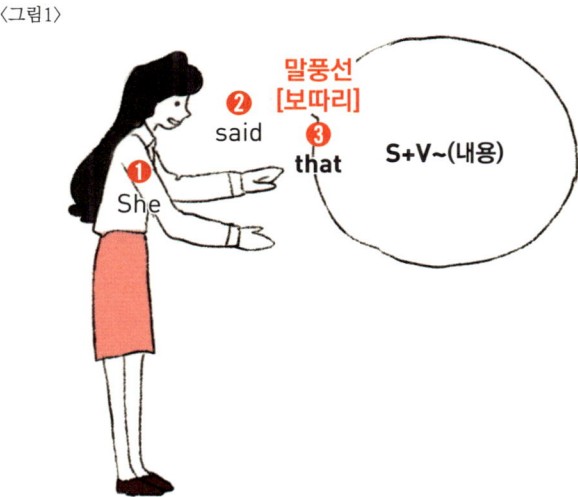

앞의 〈그림1, 2〉와 같이, 만화가들은 말하거나 생각한 내용을 담기 위해 (나타내기 위해) 「워드 벌룬」을 사용한다.

우리말에 "이야기 보따리를 풀어놔 봐."라는 말이 있듯이, 「워드 벌룬」이란 용어는 우리말로 「말 보따리」가 적당하다고 생각한다.

따라서 앞으로 이 책에서는 이 용어를 사용할 것이다.

 설명

that은 기본적으로 **'그것, 저것'**을 뜻하며, **'대화자끼리 이미 알고 있는 것'**을 지시하는 역할을 하기에, 간접화법에 사용되는 that-clause(절)은 「**이미 알고 있는 객관적 지식(공적 사실)·이론적 가능성·논리적 판단을 언어로 표현한 명제**」 등을 담을 수 있는 〈말 보따리〉라는 것이다.

이것은 직접화법의 〈"쌍따옴표"〉 역할을 담당한다. 한편, 「말 또는 생각 보따리(that-S+V~형태)」 속의 문장은 있는 그대로의 장면(상태)인 객관적 사실을 담기 때문에 「주어(S) + 동사(V) + 목적어(O)」 어순으로 표현한다.

왼쪽부터 차례가기로 스캔하여 읽으면 영어 문장 완성!

기억해 두기

① that = 것 = 그림에서 「말 보따리·생각 보따리」 그 자체
② 「말 보따리(that)」에 담긴 내용(종속 문장)은 '논리적 **명제·객관적(공적) 사실·이론적 가능성**'이다.
③ 종속절 어순은 주절과 마찬가지로 「주어(S) + 동사(V) + 목적어(O)」이다.

2. 여러 문형에 나타나는 〈that - S+V~〉

1) She thought that the sun rises in the east.
→ 그녀가 생각했던 명제는 '태양은 동쪽에서 뜬다'이다.
(3형식)

예문 1)
목적어로서 that-S+V~ (절)을 취하고 있다.
that은 「the sun rises in the east.」라는 명제를 담는 「생각 보따리」이다.

**알아두기
간접의문문**

2) I doubt whether[if] she was there.
→ 나는 그녀가 거기에 있었는지 아닌지 의심한다.

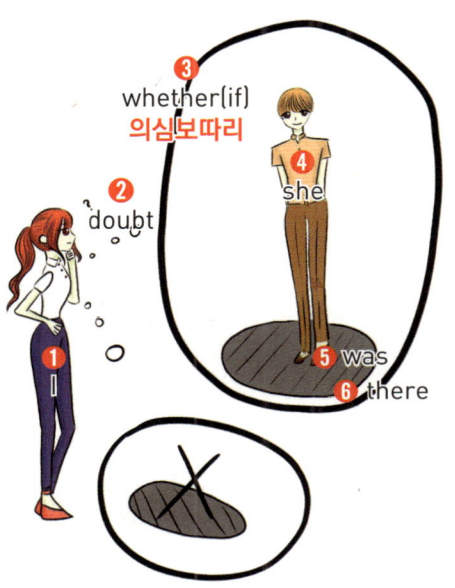

예문 2)
that-S+V~ 대신 그 위치에 whether 혹은 if-S+V~가 왔는데, 간접의문문의 명사절을 이끈다.
that을 명제를 담는 「생각 보따리」라고 했듯이 whether를 「~인지 아닌지」 의심하는 내용을 담는 「의심 보따리」라고 하겠다.

3) I told my mother that I must go to the post office.
→ 나는 우체국에 가야만 한다고 어머님께 말씀드렸다.

위 문장은 두 장면의 합성이다.
[시공간 순차 (차례) 가기]로 스캔하며 영어로 구사하라.

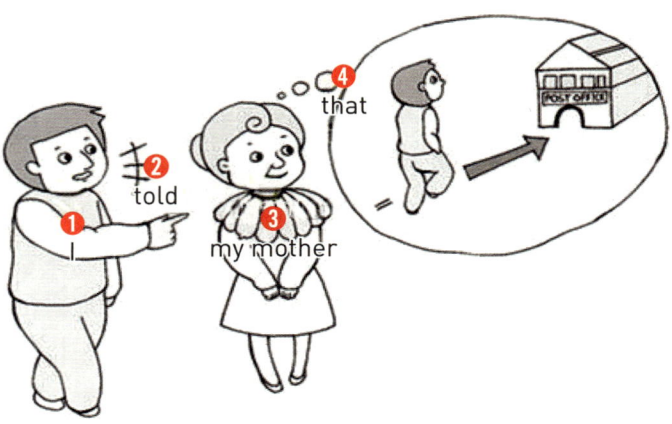

물건을 줄 수도 있지만(give), 어떤 사실을 알려줄 수도 있다(tell). 위 문장은 내가 알려주어서 어머니가 알게 되는 사실을 나타낸다. that-절은 '사실을 담는 보따리' 역할을 한다.

that-절의 내용의 어순은 다음과 같다.

예문

inform
알려주다

She informed me that she had moved.
→ 그녀는 이사했다고 나에게 알려주었다.

tell
말하여 전해주다

She told me that her father was dead.
→ 그녀는 자기 아버지가 돌아가셨다고 나에게 말했다.

I told her that I would keep my word.
→ 나는 그녀에게 약속을 지키겠다고 말했다.

remind
상기시켜 주다

Please remind him that I am going to America.
→ 내가 미국에 간다고 그에게 상기시켜 주십시오.

조동진의 영어학습법
시공간 차례가기 영어

PART 04

다양한 형태의
주어, 목적어, 보어

STEP 03

V-ing 형태

PART 04 _ 다양한 형태의 주어·목적어·보어

STEP 03   V-ing 형태

1. [V-ing]형은 현재 진행, 사실, 미래에 일어날 가능성을 담는 도구이다. 왜 그럴까?

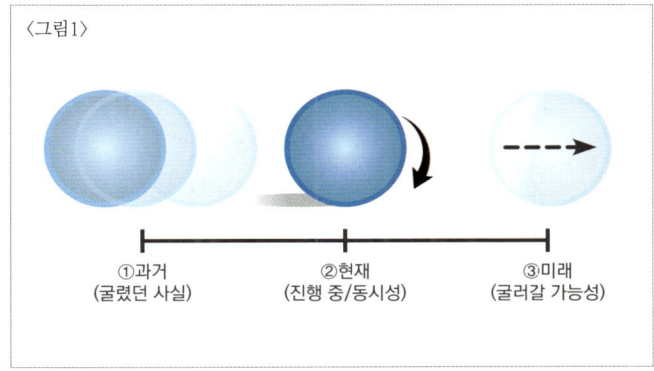

〈그림1〉은 볼링공이 구르고 있는 장면을 묘사한 것이다.

 원리 이해

볼링공의 움직임을 잘 관찰하면, 그 움직임은 **과거**(시작) → **현재**(진행) → **미래**(끝)에 걸쳐있다.

따라서 진행 중인 움직임은 ① 과거에 볼링공이 굴렀던 사실, ② 현재 구르고 있는 중(진행)임, 그리고 옆 레인에서 동시에 움직임, ③ 미래에 볼링공이 굴러갈 가능성을 갖고 있음을 알 수 있다.

[V-ing]는 '과거 사실', '현재 진행·동시성', 그리고 '미래 일어날 가능성'을 담는 도구이다.

2. [V-ing]형은 어떤 동사들과 같이 쓸 수 있는가?

1) 시간 개념을 내포하고 있는 행동(action), 상태(state), 과정(process)의 사건 동사들 중 '현재 지향적' 의미를 갖고 있는 동사들과 결합해서 「바로 그때에, 같은 시점에, 동시에」의 뜻을 나타낸다.

 비교

시간 개념을 내포하고 있는 행동(action), 상태(state), 과정(process)의 사건 동사들 중 '미래 지향적' 의미를 갖고 있는 동사들은 to-V원형을 취한다.

(V-ing)형을 취하는 현재 지향적 동사들	
행동동사	advocate, avoid, begin, cease, continue, delay, finish, justify, mention, report, risk, start, try 등
상태동사	detest, dislike, dread, forget, hate, like, loathe, love, mind, prefer, regret, remember, resent, tolerate 등
과정동사	become, come, grow, improve, turn, go 등

예문

I could not avoid saying so.
→ 나는 그렇게 말하지 않을 수 없었다.

2) 시간 개념을 내포하고 있지 않은 동사들 중 사실이나 가능성을 전제로 하는 동사들과 함께 쓸 수 있다.

acknowledge(인정하다), report(보고하다)등과 같이 사실 내용을 다루는 동사나, advise(충고하다), 제안하다(suggest) 등과 같이 가능성을 상징하는 내용을 다루는 동사들과 함께 쓰여서 「사실(fact)/가능성(possibility)」를 의미한다.

 비교

사실과 가능성을 나타내는 동사들은 that절로 바꾸어 쓸 수 있다.

	(V-ing)형을 취하는 **사실, 가능성 동사들**
사실 동사	acknowledge, admit, deny, regret, swear 등
가능성 동사	advise, conjecture, consider, doubt, dream, imagine, presuppose, propose, recommend, suggest, suspect, think of 등

예문 **I couldn't imagine meeting you here.**
→ 여기서 너를 만날 줄이야 나는 상상도 못했어.

3) 〈V-ing〉형이 분사구문과 동명사로 사용되는 경우

첫째, 분사구문으로 사용하는 경우

주절의 내용에 대한 '주변적인 배경 지식'으로 「사실이나 가능성」을 제공할 때이다.

예문 **I have suggested getting her a larger house, but she is not interested.**
→ 나는 그녀에게 더 큰 집을 사줄 것을 제안했지만, 그녀는 관심이 없습니다.

둘째, 동명사로 사용하는 경우

주어, 목적어의 역할을 하는 경우이다.

예문 **The tortoise found the hare sleeping under a big tree.**
→ 거북이는 큰 나무 아래에서 자고 있는 토끼를 발견했다.

「〈V-ing〉형은 '과거사실, 현재진행·동시성, 미래에 일어날 가능성'을 표현하는 도구」라는 사실을 기억해 주길 바란다.

지금부터 '과거사실, 현재진행·동시성, 미래에 일어날 가능성'이란 어떠한 경우를 의미하는지 여러 기본 문형을 통해 같이 공부해 보도록 하겠다.

3. 여러 문형에서의 「V-ing」 형태

1) 현재분사 [V-ing] 형태

1 I saw a cat running away.
→ 나는 고양이가 달아나는 중임을 보았다.

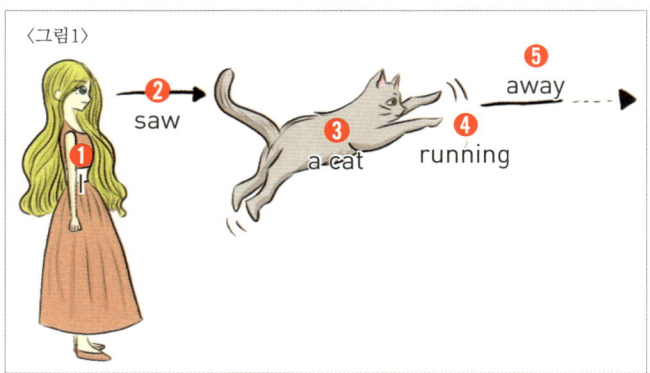
〈그림1〉

〈그림1〉은 지각동사와 현재분사가 같이 사용된 예이다.

'보는 동작과 달아나는 동작이 동시에 발생했음'을 ❹ running 과 같이 「V-ing」로 표현한다.

왼쪽부터 차례가기로 문장을 구사하면 OK!

예 문

hear
들리다
(동시성)

I could hear the black-birds whistl**ing** on the edge of the wood.
→ 나는 검은 새들이 나무 언저리에서 휘슬〈우는〉 소리를 내는 것을 들을 수 있었다.

notice 알아채다
(동시성)

He noticed a stranger com**ing** in.
→ 그는 낯선 사람이 들어오는 것을 알아챘다.

observe
~을 알게 되다
(동시성)

She observed the thief open**ing**(open) the lock of the door.
→ 그녀는 그 도둑이 문의 잠금 장치를 여는 것을 목격했다.

perceive 눈치채다 (동시성)	Nobody perceived the thief enter**ing** the room. → 그 누구도 그 도둑이 방에 들어가는 것을 눈치채지 못했다.
see 보다(동시성)	I saw my mother knitt**ing** wool stockings. → 나는 어머니가 털실로 스타킹을 짜는 것을 보았다.
smell ~한 냄새가 나다 (동시성)	I could smell rags burn**ing**. → 나는 넝마 타는 냄새를 맡을 수 있었다.
watch 지켜보다 (동시성)	I watched the sun ris**ing**. → 나는 해가 떠오르는 것을 지켜보았다.
listen to 귀를 기울이다 (동시성)	I'm listening to the band play**ing**. → 나는 악대가 연주하고 있는 것을 듣고 있다.
look at 바라보다 (동시성)	She's looking at the train steam**ing** past. → 그녀는 증기를 내뿜으며 지나가는 기차를 주시하고 있다.

2 The tortoise found the hare sleeping under a big tree.
→ 그 육지 거북이〈남생이〉는 그 산토끼가 큰 나무 밑에서 잠을 자고 있는 중임을 발견했다.

find 발견하다 (동시성)
※〈참고〉 **find out**
(연구·조사·계산하여) 밝혀(알아)내다.

〈그림1〉

지각동사를 제외한 타동사가 현재분사와 같이 사용된 예

육지 거북이가 산토끼를 발견했을 때, 토끼가 잠자고 있는 중임(동시성/잠자는 행위 전체 중 일부)을 ❹ sleeping 처럼 「V-ing」로 표현한다.

왼쪽부터 차례가기로 문장을 구사하면 OK!

예문

catch
~ 한 것을 목격하다/잡다
(동시성)

I caught her speaking ill of me.
→ 나는 그녀가 나의 험담을 하는 중인 것을 잡았다.

keep
~ 한 상태를 유지하다
(동시성)

Keep the torch burning.
→ 횃불을 계속 타게 해라.

2) 동명사 「V-ing」 형태

Do you remember his[or him] seeing this picture before?

→ 너는 전에 그가 이 그림을 본 것(행위)을 기억하니?
 (his seeing)
→ 너는 전에 이 그림을 본 그를 기억하니?
 (him seeing)

목적어가 동명사 「V-ing」로 사용한 예

- [소유격 + 동명사(V-ing)] 표현에서 소유격은 동명사의 행위의 주체가 된다.
- 동명사[V-ing]는 '과거에 일어난 사실이 주관적임'을 표현하고 있다. 물론, (remember + V-ing)는 '~과거의 사실을 생각해내다(상기하다).'로 풀이된다.

참고

⟨Do you remember *his seeing* this picture before?⟩은 seeing 즉 과거에 본 행위에 초점이 있으며 formal한 표현이다.

⟨Do you remember him seeing this picture before?⟩는 him에게 초점을 둔 표현으로 표면적 의미는 같다고 할 수 있으나 전하고자 하는 뉘앙스가 다르다.

비교

He remembered to call the police.
→ 그는 경찰을 불러야 할 일을 기억하고 있었다.

※ 미래(앞)에 할 또는 해야 할 목적한 일을 to로 표현했는데, 이때 remember는 '~할 일을 기억하고 있다'로 풀이된다.

심화자료 I 「V-ing」 현재 지향적(현재진행 동시성) 표현

동사의 지향하는 성질에 따라 목적어로 쓰인 〈V-ing〉는 과거 사실, 현재 지향적, 미래 일어날 가능성을 나타낸다.

예문 1

mind
마음이 쓰이다

I don't mind your[you] be**ing** a swindler.
→ 나는 당신이 현재 사기꾼이라는 상태일지라도 상관 없다.

---

mind는 현재 지향적 상태동사이다. 즉 현재 진행 중인 어떤 상태가 마음이 쓰인다는 의미이다. 일어나지 않은 일은 마음에 거슬리지 않기 때문이다. 따라서 -ing형을 요구한다.

예문 2

avoid
비키다,
(회)피하다

I could not avoid say**ing** so.
→ 나는 그렇게 말하는 것을 피할 수가 없었다.
　(나는 그렇게 말할 수밖에 없었다.)

【주어 + 타동사 + 목적어(동명사구)】 문형이다.

'현재, 이 순간, 지금 ~하는 것을 회피하다.'를 의미하는 「현재 지향적 행동 동사」이다. '회피하다'라는 것은 어떤 일(상황)에 맞닥트려 지금 일이 벌어져야 그것을 회피할 수 있다. 쉽게 설명하면, 주먹이 날라와야 피하지 날라오지도 않는데 피하는 것은 모순이다. 따라서 〈동명사(구)〉만 취할 뿐 〈to부정사〉를 취하지 않는다.

예문 3

imagine
상상하다

dream
꿈꾸다

I couldn't imagine meet**ing** you here.
→ 여기서 너를 만날 줄이야 나는 상상도 못했어.

위의 동사들은 ① 상상의 세계 속에서는 지금, 이 순간 만나는 내용이 이루어지고 있기 때문에 현재 지향적으로 볼 수 있으며, ② 현실 세계에서는 미래에 만날 가능성을 꿈꿔보고 상상해보는 가능성 동사이다.

예문 4

prevent
하지 못하게 하다,
막다, 방해하다

The snow prevented me[my] go**ing** out.
→ 눈이 나의 외출을 막았다.
  (눈 때문에 나는 외출할 수 없었다.)

현재 하고 있거나 앞으로 일어날 가능성이 있는 일을 앞서가서 하지 못하게 막는 경우 prevent를 사용한다.

연구

① 현재 하고 있는 일을 막을 경우
   The snow prevented me[my] **going** out.로,

② 앞으로 일어날 가능성이 있는 일을 막을 경우
   The snow prevented me **from going** out.으로 표현하는 것이다.

예문 5

My teacher stopped me[my] smoking.
→ 나의 선생님은 내가 담배를 피우는 것을 못하게 하셨다.

stop
타 하지 못하게 하다, 멈추게 하다. 그만 두다.
자 멈춰서다.

stop은 지금 하고 있는 것을 그만 두거나 앞으로 일어날 가능성이 있는 것을 멈추게 하는 것임으로 다루는 내용이 현재 지향적인 또는 가능성이 있는 것임을 -ing형으로 표현했다.

연구

stop은 지금 하고 있는 것을 그만 두거나 앞으로 일어날 가능성이 있는 것을 멈추게 하는 것임으로 위의 prevent와 마찬가지로

① 현재하고 있는 것을 그만두게 할 때는
My teacher stopped me[my] **smoking**.으로

② 앞으로 일어날 가능성이 있는 것을 멈추게 할 때는
My teacher stopped me **from smoking**.으로 표현하는 것이다.

주의

「He stopped to smoke.」의 해석에 주의하기 바란다.

to부정사는 하고자 하거나 해야 하는(목적한) 앞(미래)에 둔 일로 생각이 그 행위에 닿아있는 경우를 표현한다.

따라서, 「그는 멈춰 서서 그 후 앞으로(미래에) 담배를 피고자 했다.(그는 담배를 피우기 위해서 걸음을 멈췄다.)」라는 표현이다.

심화자료 II 「V-ing」 미래에 일어날 가능성의 표현

suggest
제안하다

예문 1

I have suggested gett**ing** her a larger house, but she is not interested.
→ 내가 제안하여 다루는 내용은 그녀가 보다 큰 집을 얻을(살) 수 있다는 가능성이다. 그러나 그녀는 흥미가(관심이) 없었다.

'앞으로 ~ 을 하는 것이 어떠하냐'고 제안하다. 앞으로 일어날 가능성을 -ing로 표현한 것이다.

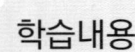 학습내용

비인칭 주어 'It'과 가주어 'It'의 공통점은 무엇일까?

비인칭 주어 'it'과
it~to부정사 용법에서의 가주어 'it' 등은
어디서 온 표현이며,
그것들의 공통점은 무엇일까?
- 그것들은 바로 측정도구(저울, 조도계, 온도계 등)의
  바늘이었음을 밝히고자 한다.

인간은 무엇인가를 판단하기 위해 측정기를 발명했다.
시계, 저울, 온도계, 조도계, 키 측정기, 자동차 계기판 등
다양한 용도의 측정기를 예로 들 수 있다.

그런데 이런 것은 사람이 감각기관을 활용하여 판단하는
머릿속 사고체계를 그대로 반영하여 발명한 물건들이다.

따라서 이런 발명품들과 영어 어순을 비교하면
그 관련성을 알아볼 수 있다.

시 공 간 차 례 가 기 영 어

PART 05

특수구문의 이해

STEP 1. 비인칭 주어 It
STEP 2. ~ 이 있다. 존재구문
STEP 3. 비교 문형
STEP 4. 2어 동사(숙어)
STEP 5. 다양한 장면 구사감각
STEP 6. 수동태

조 동 진 의 영 어 학 습 법
시 공 간 차 례 가 기 영 어

PART 05
특수구문의 이해

STEP 01

비인칭 주어
('It')

PART 05 _ 특수구문의 이해

STEP 01   비인칭 주어 it

1. It is bright.

영어 어순
[시공간 차례가기 원리]

〈그림1 조도계〉

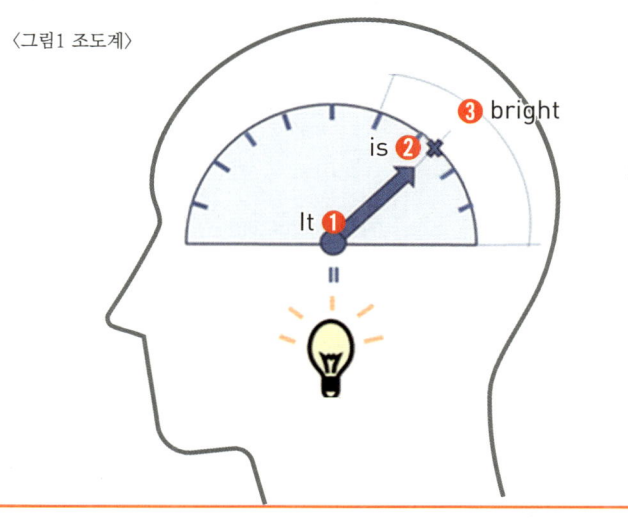

조도계의 눈금선은「화자 또는 관찰자 머릿속의 판단선」으로 볼 수 있다.

▶ be동사
행위(상태) 변화의 주체이자 화자의 판단 대상인 It이 bright라는 속성 영역(자리 개념)에 '존재하고 있는 상태임'을 표현한다.
- 그림에서 be동사는 점 혹은 선분, 가리키는 선, 빗금, x와 같은 겹침 표시 등으로 표현할 수 있다.

위 문장은 빛의 밝기를 판단하는 문장이다.
   빛의 밝기를 판단하는 장면을 실생활에서 예를 찾아보면, 조도계로 빛의 밝기를 측정하고 판단하는 장면을 들 수 있다.
   위 그림에서 조도계의 바늘은 처음 0의 위치에 있다가 빛을 감지하면 그에 반응하여 움직임을 갖는다. 바로 그 바늘이 빛을 대신하기 때문에 It으로 표현한 것이다. 이것을 문법용어로 비인칭 주어 It이라고 한다.
   조도계의 계기판을 〈시공간 차례가기〉로 스캔하여 읽으면, It is bright.

예문   **It's really**   **sweet.**
정말 달콤하네요.

salty.
짠 맛

sour.
신 맛

tart.
톡 쏘는 맛

bitter.
쓴 맛

weak.
싱거운 맛

hot.
매운 맛

sharp.
얼큰한 맛

strong.
강한 맛

PART 05 _ 특수구문의 이해

2. ⟨ it … to-V원형⟩ 구사 감각

1) It is difficult to master English.

구사 감각
[It is * 감정 판단의 형용사 that-clause(절)]과 동일하다. 그래서 여기서 소개하는 것이다.

암시
(화자의 개인적 경험으로 비추어 볼 때, 영어를 마스터한다는 사실은 어려운 상태라고 판단함.)
(어렵다고 판단되는 생각은 '영어를 마스터하기'이다.)

해석 → 영어를 숙달하기는 어렵다.

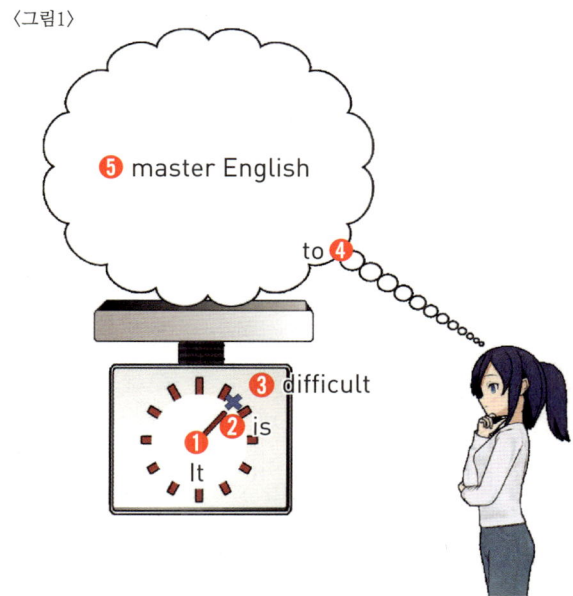
〈그림1〉

알아두기
「for + 사람」이 to-부정사의 주어관계 It은 for…to-부정사를 대신한다.

It is not good for you to smoke.
해석
네가 흡연을 하는 것은 몸에 좋지 않다.

【It is * 감정 판단의 형용사 to-부정사】
【It is * 감정 판단의 형용사 that-clause(절)】
위 두 구문은 모두 측정하는 장면에서 온 것인데, 자세히 알아보자!

STEP 02 • 비인칭 주어 It _ 199

조동진의 차례가기 영어

참고 1

① 〈to-부정사〉는 앞으로 가서 닿아야 할 행위 즉 미래에 일어날 행위를 표시하는 도구이다. 뿐만 아니라, 현 위치에서 미래에 일어날 앞에 둔 행위는 생각으로만 가서 닿아 볼 수밖에 없기 때문에 주관적 생각을 담는 도구이다.

② 실제 일어난 객관적 사실(that-절)과 생각으로만 가서 닿아 본 일어나지 않은 주관적 생각(to-부정사)은 서로 대비되는 개념이다.

첫째, It is * 감정 판단의 형용사 to-부정사

주관적 생각을 측정해 보는 것이다. 이는 〈to-부정사〉가 주관적 생각을 담는 보따리(용기)이기 때문이다.

둘째, It is * 감정 판단의 형용사 that-clause(절)

객관적 사실이나 명제를 측정해 보는 것이다.
이는 〈that-절〉이 객관적 사실이나 명제를 담는 보따리(용기)이기 때문이다.

정리하면, 어떤 물건들을 보따리에 담아서 무게를 잴 때, 이 보따리에 담겨진 내용이 주관적 생각이면 〈to-부정사〉로, 객관적 사실 혹은 명제이면 〈that-절〉로 표현하면 된다는 의미이다.

자, 그럼 좌측의 〈그림1〉로 다시 가보자.

〈그림1〉

[to-V원형(주관적 생각)]을 저울에 달아보면, 그것을 대신하는 바늘이 0에 있다가 반응하여 움직이게 된다.

그 움직임은 멈춰 서서 특정 지점(혹은 영역)에 존재하게 된다. 그때 바늘이 가리키며 존재하는 곳(숫자) 혹은 영역(형용사)이 측정값이 된다. 이 저울의 계기판을 읽으면, It is difficult가 된다. 그리고 그 다음에 딸린 나머지 정보가 [to-V원형(주관적 생각)]이다.

그런데, 진주어인 [to-V원형(주관적 생각)]이 길어서 나중에 온 것일까? 그렇지 않다.

한 예로서 몸무게를 재는 장면으로 가보자. 어떤 어순으로 읽을까?

우리가 저울에 올라설 때, 우리의 시선은 저울의 계기판을 먼저 바라본다. 재는 행위는 측정값을 얻기 위한 행

PART 05 _ 특수구문의 이해

위이기에 재는 대상인 몸보다 계기판에 눈이 먼저 가는 것이다. 그래서 먼저 가주어인 계기판의 바늘(It)의 상태를 먼저 읽고, 그 다음은 시야을 넓혀 It과 연관성이 있는 딸린 정보 즉 진주어인 〈to-V원형(주관적 생각)〉을 읽는다.

➡ 〈zoom out 법칙 + 시공간 차례가기 원리 적용〉

앞의 〈그림1〉에서 계기판의 It에 딸린 정보를 [zoom out 법칙] + [시공간 차례가기 원리]로 장면을 스캔하면서 읽으면 완성!

It is difficult to master English.
→ 영어를 숙달하기는 어렵다.

예 문

It's wrong to take shoes off.
→ 신발을 벗는 것은 잘못이다.

It is not polite to interrupt.
→ 말을 가로막는(끼어 드는) 것은 공손하지 못하다.

It was very foolish for you to do so.
→ 네가 그렇게 한 행위는 정말 어리석었어.

It is hard for me to utilize my time wisely.
→ 내가 시간을 지혜롭게 사용하기란 어렵다.

It was easy for me to get up early in the morning.
→ 내가 이른 아침에 일어나는 것은 쉬웠다.

참고 2

【It is * 감정 판단의 형용사 (for + 의미상의 주어) to-부정사】 구문에서 (for + 의미상의 주어)는 to-부정사 바로 전에 위치하며 그 행위의 행위자를 나타낸다

이 구문은 행위에 대해 판단(즉 비난 혹은 책망)할 때 사용한다.

2) It is very foolish of you / to do so.
→ 그렇게 한 행위는 너의 어리석음이지.

위 구문은 [It is (*사람의 성질 of 사람) + to-V원형] 구문으로,

첫째, 기본적으로 [It is *감정 판단의 형용사 to-V원형] 구문과 같은 구조이기에, 행위를 판단(즉 비난하거나 칭찬)한다.

둘째, 행위의 측정(판단)값을 [*사람의 성질 of 사람]으로 표현함으로, 사람의 성질이 그 사람을 전제로 떼려야 뗄 수 없는 관계임을 표현한다.

참고 3
사람의 성질을 나타내는 형용사
kind, good, clever, wise, foolish 등

종합하면, 행위를 비난하되 그 사람과 떼려야 뗄 수 없음을 나타냄으로, 행위와 사람을 동시에 싸잡아 비난할 때 이 구문을 사용한다.

측정할 때는 관심의 초점은 측정값이다. 따라서 재는 사람의 눈은 계기판에 먼저 간다. 따라서, 가주어인 계기판의 바늘(It)의 상태를 먼저 읽고, 그 다음은 시야를 넓혀 It과 연관성이 있는 딸린(부차) 정보 즉 진주어인 〈to-V원형 (주관적 생각)〉을 읽는다.

➡ 〈zoom out 법칙 + 시공간 차례가기 원리 적용〉

앞의 〈그림1〉에서 계기판의 It에 딸린 정보를 [zoom out 법칙] + [시공간 차례가기 원리]로 장면을 스캔하면서 읽으면 완성!

It is very foolish of you / to do so.

3) You were very foolish / to go there.
→그곳에 간 것은 / 정말 바보 같았어.

위 문장 구조는 사람(주어)을 서술한 내용이다.
그래서 판단의 대상이 주어인 사람이다. foolish가 서술하는 대상은 You라는 것이다.
사람을 판단하는 구문이다.

위 예문은
'너는 정말 바보스러웠어 그래서 그곳에 가는 행위에 닿았지.'라고 해석된다.

※ 네가 바보라는 사실이 부각되어 사람을 비난하는 문장이 됨으로 듣는 상대방이 마음을 상할 수 있다.

3. It is 〈감정·판단의 형용사〉 that – 절
➡ …것은 ~이다.

1) It is surprising that he should have been ill.
→ 그가 아팠었다는 사실이 그거 놀랍군(뜻밖의 일이다).

〈그림1〉

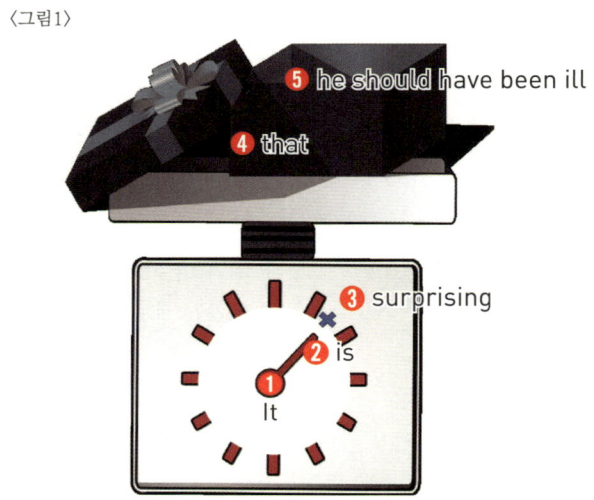

위 구문은 [사고자 하는 상품들을 봉지(that-절)에 담은 후 저울로 재어서 양이 얼마인가 파악하는 장면]과 일치한다.

그런데 담는 봉지(보따리)의 종류가 2가지다.

첫째, 앞에서 언급했듯이 〈to-부정사〉는 '생각으로 가 닿아본 행위 즉 주관적 생각'을 담는 봉지(보따리)이다.

둘째, 이와는 대비되는 개념으로 〈that-절〉은 '객관적 사실 혹은 명제'를 담는 봉지(보따리)이다.

위 구문【It…that-clause 구문】은 '객관적 사실 혹은 명제'를 판단하는 구문이다.

[It is * 감정 판단의 형용사 to-부정사]와 구사 감각은 같다.

It is surprising that he should have been ill.

    that-절 내의 should는 희박성과 유감의 뜻을 나타낸다. 놀랍군! 그럴 리가 거의 없는데(should-희박성/유감) 아팠었다니.

【It is * 감정 판단의 형용사 that – clause(절)】

예문

It is certain that she was a student.
그녀가 학생이었던 것은 확실하다.

It is certain that she will succeed.
'그녀가 성공할 것이다'라는 사실은 확실하다.

It is important that he will study English.
그가 영어를 연구하려고 하는 사실은 중요하다.

It is possible that (사실적 가능성) she may come to meet me.
그녀는 나를 만나러 올 가능성이 있다.

It is natural that my mother should get angry.
나의 어머니가 화내는 것은 당연하다.

It is necessary that we should stop smoking.
우리가 담배를 끊어야 하는 것은 필요하다.

It is strange that he should do such a thing.
그가 그런 짓을 하다니 거참 이상하군.

2) It is expected that the rainy season is to start in June.
→ 장마는 6월에 시작되리라고 기대(예측)된다.

① It는 that-clause를 대신(대표)한다.
② is는 저울의 바늘이 가리키는 점.
③ 바늘이 가리키는 상태는 화자의 기대치가 존재하는 상태이다. 그러므로, 기대되는 수동의 상태라서 과거분사(p.p)형의 형용사가 쓰였다.

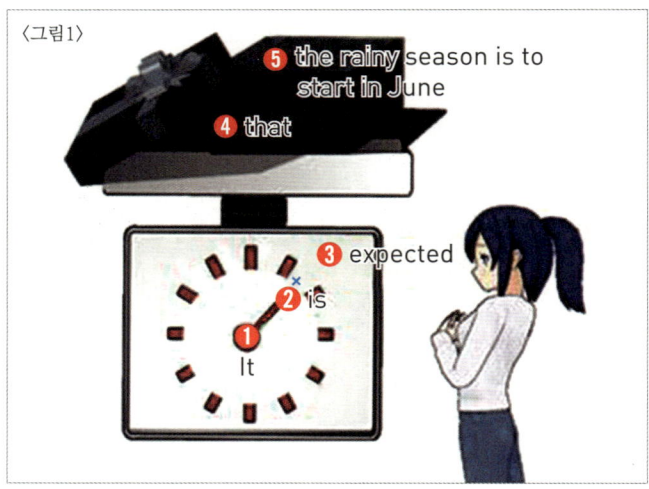
〈그림1〉

It is + 과거분사(p.p.) + that-clause(절)

과거분사 형태가 감정판단의 형용사적 의미로 쓰였다고 볼 수 있다.

예문

It is **believed** that the moon is round.
→ 달은 둥글다고 믿어지고 있다.

It is **well known** that he is a great poet.
→ 그는 위대한 시인이라는 사실이 널리 알려져 있다.

It is **reported** that three Koreans are missing.
→ 3명의 한국인이 실종 중인 사실이 보고(보도)되었다.

It is **often said** that habit is second nature.
→ 습관은 제2의 천성이라고들 한다.

It is **thought** that moderate exercise is good for the health.
→ 적당한 운동은 건강에 좋다고 생각된다.

It is **supposed** that he is guilty.
→ 그가 죄를 범했다고 추측된다.

4. ⟨S + V + too + 형용사(부사) + to-부정사⟩ 구사 감각

I was too tired to walk.
→ 너무 지쳐서 걸을 수가 없다.

구사 감각
【시공간 차례가기(순차진행)】

뉘앙스 :
(나는 너무 지쳤어!
걸어야 하는데….)

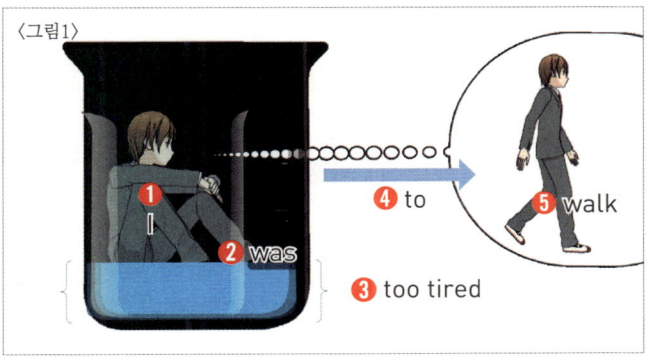

⟨그림1⟩

앞으로 걸어야 할 행위를 앞에 두고 너무 지쳐있는 장면이다.

원문	그림 해설	해석
① I	❶ 나	① + ② + ③ = = 내가 너무 지친 상태이다. (객관적 사실)
② was	❷ 에너지가 빠져나가 최종적으로 존재하는 지점(위치)	
③ too tired	❸ '너무 지친' 상태의 영역이다.	
④ to 시·공간 이동	❹ Ⓐ ⟨그 후(앞으로, 미래로) 이동하여 도착해야 됨⟩ 즉, 앞에 둔 Ⓑ 생각으로만 이동하여 닿아보는	④ + ⑤ = = 앞으로 걸어야 하는데. (주관적인 생각)
⑤ walk	❺ 목적한 행위	

뉘앙스 → 나는 너무 지쳤어! 걸어야 하는데….

우리말식 해석
① 걷기엔 너무 지쳤어. → ② 너무 지쳐서 걸을 수가 없다.

앞에서 사람 이외의 다른 무엇인가를 측정할 때, 계기판을 그대로 읽는 경우를 알아보았다. 이때 계기판의 바늘이 'It'이었다.

이번에는 판단 대상이 사람일 경우 직접 그 사람을 주어로 잡은 경우이다. 그 주어(사람)의 상태를 측정하는 장면이다.

본인의 키를 재는 장면을 상상해 보라.

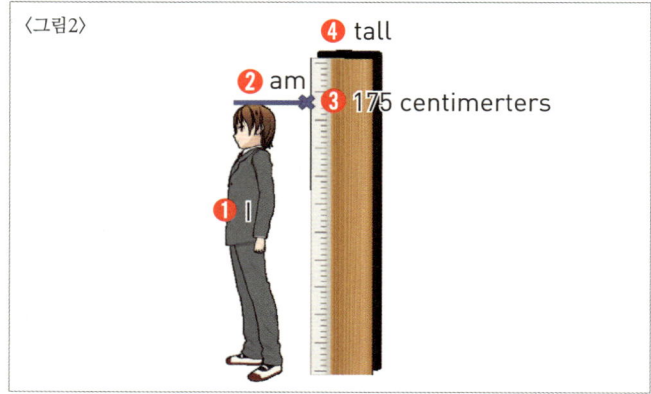

I am 175 centimeters tall.
→ 나의 키는 175센티미터이다.

위의 〈그림2〉에서 볼 수 있듯이, 내가 서서 존재하는 지점을 정확한 숫자나 혹은 어림잡는 영역(형용사)으로 표시할 수 있다.

여기서 사람(I)을 주어로 잡은 경우이다.

이번에는 본인의 키 대신 피로도를 측정하는 장면이다.

〈그림3〉

현재 피곤한 상태는 어떤 활동의 결과 현재 몸속의 에너지가 빠져나가서 축 늘어져 있거나 주저 앉아 있는 장면으로 묘사할 수 있다. 이것은 물통에 물을 거의 다 쓴 상태, 배터리가 거의 방전이 되어가는 상태, 그리고 양초가 거의 다 타서 촛불이 꺼져가는 장면과 일치한다.

〈그림3〉은 '① 내(I)가 ② 과거 특정시에 존재하여 위치한 상태(was)는 ③ 매우 피곤함이라는 영역(too tired)이다.'라는 장면을 묘사한 것이다.

그것을 [시공간 차례가기]로 스캔하여 읽으면,
'I was too tired.'가 된다.

그런데, 내가 저만치 앞으로 가서 미래에 해야 할 일을 가지고 있는데, 지금 현재 상태가 매우 피곤한 경우는 어떻게 표현하면 될까?

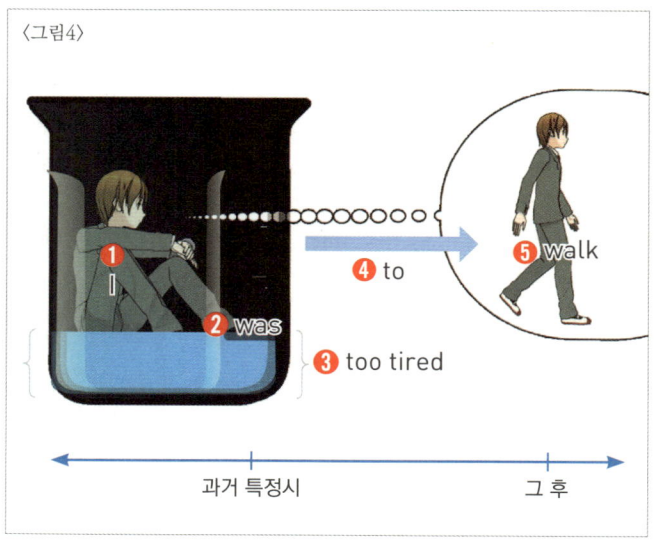

〈그림4〉

위 〈그림4〉의 장면에서 주어(I)에 가장 가까운 곳의 정보는 '매우 피곤한 상태였다'라는 사실(am too tired)이고, 그 다음 가까운 것은 주어(I)로부터 저만치 앞쪽(미래)으로 가서 닿아야 할(즉 앞에 둔) 걷는 행위(to walk)이다.

이제 주어(I)에 딸린 정보를 과거 특정 시점에서 앞(미래)쪽으로 [시공간 차례가기]로 스캔하여 읽으면, 영어 완성!

I am too tired to walk.
= 나는 너무 지쳐서 걸을 수 없다.(번역식)
= 나는 현재 너무 지쳤어 걷기에는 …

PART 05
특수구문의 이해

STEP 02

존재구문 : '~이 있다.'
(There + be – berb ~)

PART 05 _ 특수구문의 이해

STEP 02

~있다. 존재구문

1. There was the willow tree.
→ 그 버드나무가 있다.

〈그림1〉

[There + be동사~] 구문은 「~이 있다(존재한다)」를 나타낸다.

창세기에 하나님은 시공간을 창조한 후에 나머지 개체들을 창조하여 존재하게 했다. 이것이 영어 어순에 반영된 것이다.
하나님을 제외한 나머지는 시공간을 초월해 존재할 수 없기 때문이다.

〈그림1〉 장면은 [zoom in]의 법칙이 적용된 사례이다.

❶ There : 저기에(바깥 영역 표시 부분)
❷ was : (빗금부분/Be동사) 차지하고 존재하는 것이
❸ the willow tree. : 그 버드나무다.

물론, 장면으로 이해하고, 그 장면을 시야를 좁히며 [zoom in + 시공간 차례가기(순차 이동)원리]로 스캔하여 구사하면 영어 문장 완성!

성경
- 창세기 1장 : 1, 3절

1절
In the beginnig God created the heaven and the earth.

→ 태초에 하나님께서 하늘을 창조하셨느니라.

3절
And God said, "Let there be light." and there was light.

→ 하나님께서 말씀하시기를 "빛이 있으라". 하시니, 빛이 있더라.

PART 05
특수구문의 이해

STEP 03

비교 문형

PART 05 _ 특수구문의 이해

STEP 03

비교 문형

비교 문형을 집중적으로 같이 연구하고, 어떻게 인지하고 발화하는지 그 구사 감각을 알아보자.

1. He is as tall as you (are).
→ 그는 너만큼 크다.

【as - as 구문】
동등 비교 구문으로, 양쪽의 비교하는 내용이 같음을 나타낸다.

as

as는 「아주 똑같이」의 의미를 갖고 있으며, **as - as 구문**은 두 개가 as와 as 사이의 비교 내용에서 **동등**함을 의미한다.

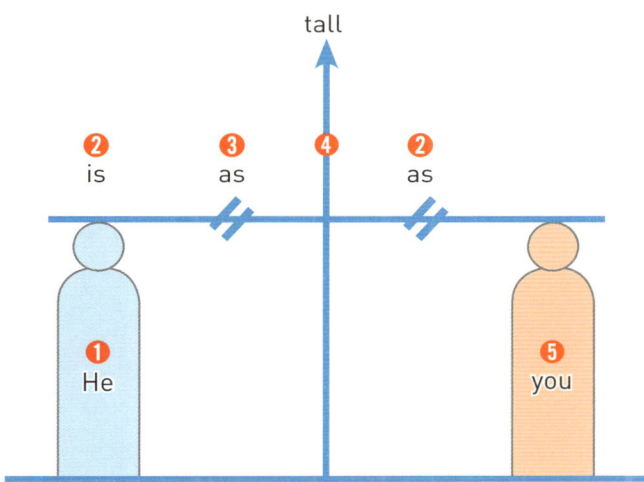

※ 가운데 tall(키 높이)의 양쪽에 as가 존재하는데, 이는 그의 키 높이(as)와 너의 키 높이(as)가 있기 때문이며, 서로 같음을 의미한다.

서로 등을 맞대고 키를 재어본 경험이 있을 것이다.
위 그림은 설명하는 대상 → [He], 비교대상 → [you]의 키가 같음을 표현하고 있다.

구사감각

「서로 맞대어 비교해 보는 장면」을
①에서 ⑥까지 위치 감각을 이용하여 **순차 이동(차례가기)**로 말하면, He is as tall as you (are).와 같은 어순이 된다.

2. She is taller than I.
→ 그녀는 나보다 더 크다.

【비교급 + than ~ 구문】
우등 비교구문으로, 둘 중에서 어느 한쪽이 다른 쪽보다 「더 ~ 하다」 내용의 정도를 나타내는 표현이다.
함께 쓰는 접속사 than은 【비교 기준치】를 나타낸다.

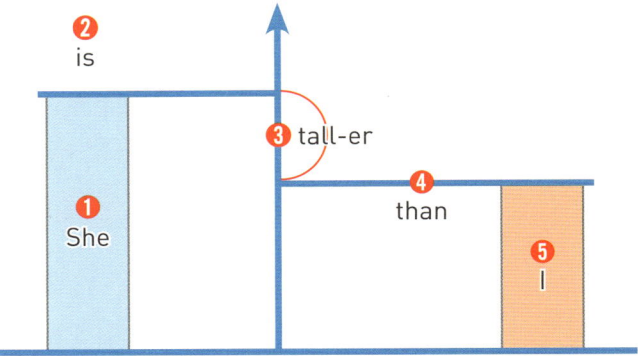

3. This story is more interesting than that.
→ 이 이야기는 저것보다 더 재미있다.

【비교급 + than ~ 구문】
우등 비교구문에서 비교급을 【more + 원급】으로 표현하는 것뿐이다.

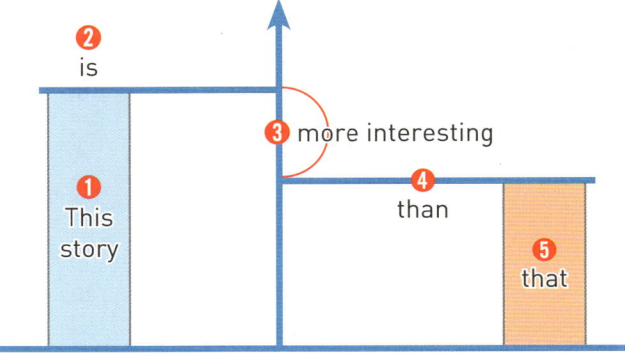

4. He is less happy than you.

→ 그는 너보다 덜 행복하다.

【less + 원급 + than ~구문】 = 열등 비교
한쪽이 비교 대상보다 못한 경우에 사용한다.

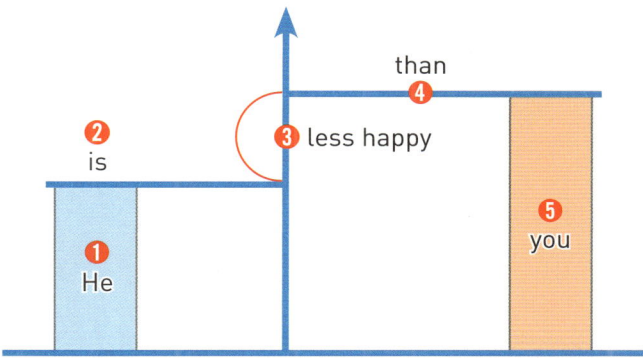

5. 불규칙 변화

원급	비교급	최상급
good (well)	better	best
bad (ill)	worse	worst
much	more	most
many		
little	less	least
far	farther	farthest (거리)
	further	furthest (정도)
late	later	latest (시간)
	latter	last (순서)

조동진의 영어학습법
시공간 차례가기 영어

PART 05

특수구문의 이해

STEP 04

구동사 표현
(phrasal verb)

PART 05 _ 특수구문의 이해

STEP 04 구동사(phrasal verb)

1. My cat rubbed against my leg.
→ 내 고양이는 나의 다리에 대고 문질렀다.

영어 어순
[시공간 차례가기 원리]

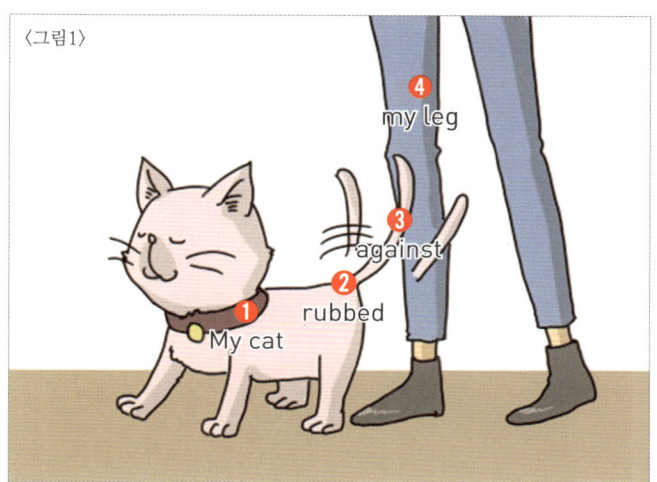
〈그림1〉

〈그림1〉은 3차원의 실제 장면을 보면 rubbed 행위와 my leg 사이의 〈사이 공간(the gap)〉에는 against〈마찰(거스르는/부딪치는)〉되는 현상이 있음을 알 수 있으며, 그 against는 행위와 목적어의 사이 관계를 표현한다.

2. She **looked at** the picture.
→ 그녀는 그 사진을 봤다.

look은 시선을 주는 행위다.
look at the picture는 사진으로부터의 〈자극〉에 대한 시선을 주는 순간 집중 반응하는 관계(at)이다.

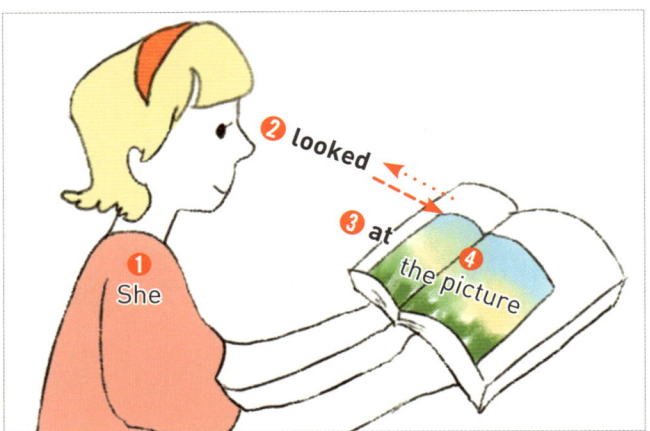

3. The dirty water **went down** the drain.
→ 더러운 물이 하수구로 흘러내려 갔다.

4. She stopped for a red light.
→그녀는 빨간 신호등에 멈췄다.

멈추는 행위와 빨간(멈춤) 신호등 사이는 어떤 사이 관계일까?
〈X for Y〉는 'Y(빨간 신호등)를 받고 X(멈추는 행위)를 주는 사이 관계(교환 관계)'를 나타낸다. 그리고 She는 운전자이다.

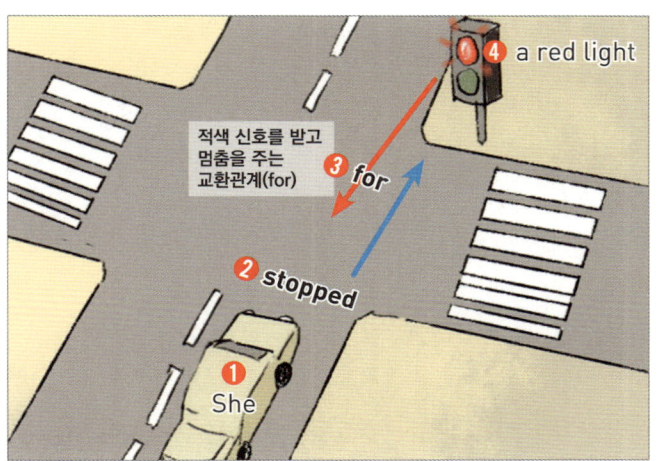

5. She goes into the bathroom.
→그녀는 목욕탕 안으로 들어간다.

그녀가 가는 움직임과 목욕탕 사이에는 안으로 들어가는 (into) 사이 관계가 존재한다.

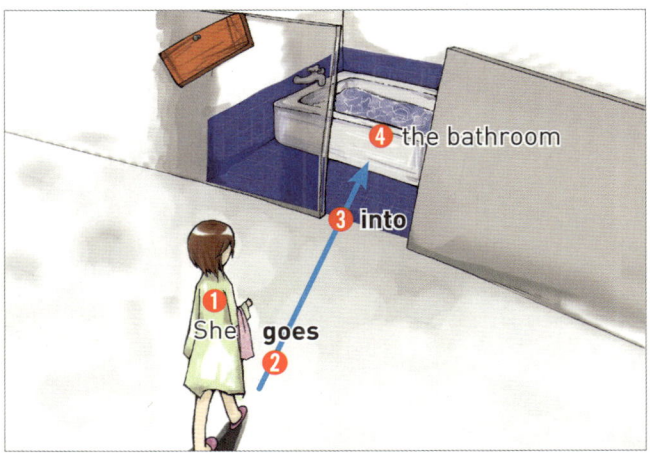

6. He stepped on the clutch pedal.
→ 그는 클러치 페달을 밟았다.

그의 발을 내딛는 행위와 클러치 페달 사이에는 '더해져서 접촉하는(on)'이라는 상태가 존재한다.

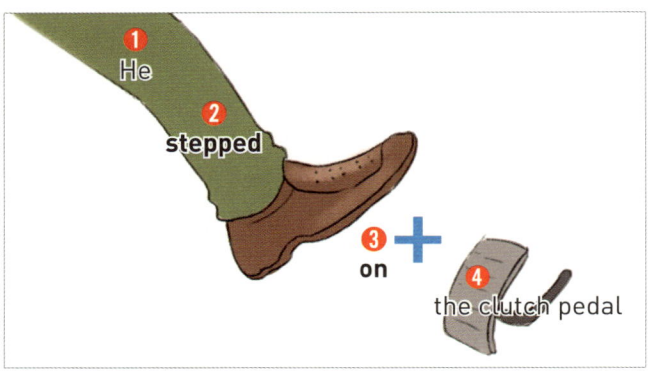

7. She puts on her hat.
→ 그녀는 모자를 쓴다.

put(놓아서)의 결과로 on(더하여지는/접촉되어지는) 동작이 목적어(대상)에 영향을 미치는 장면이다.

장면(그림)으로 이해하고 구사하는 것만이 「**모국어 간섭 현상**」 **없이 영어로만 구사**할 수 있는 유일한 방법이며, 원어민들이 몸에 체득하여 구사하는 방법이다.

PART 05

특수구문의
이해

STEP 05

다양한 장면
구사감각

STEP 05 다양한 장면 구사감각

1. 질문·요구하다 장면 – 4형식

〈그림1〉은 내가 그에게 몇 가지 질문들을 한 장면이다.

I asked him some questions.
→ 내가 물어봐서 그가 몇 가지 질문(물음)을 받았다.
  = 나는 그에게 몇 가지 질문을 했다.

① 행위자가 : *I*
② 묻는(요청하는) 원인 행위로 : *asked*
③ 그 결과 질문을 받는 사람의 : *him*
④ 심리적 소유영역(손이 미치는 바로 앞에) 놓이는
  (소유되는) 질문 받은 물음들 : *some questions*

위 〈차례가기 그림〉은 실제 일어난 장면을 원인과 결과에 따른 [시공간 차례가기]로 표현한 것으로 왼쪽 행위자(주어)로부터 순차적으로(순서대로) 스캔하면서 구사하면 영어 문장 완성!

2. [알리다 / 알려 주다] 장면

〈알려 주다〉라는 장면은 4형식이라는 틀을 이용하여 표현한다.

    그런데, 4형식은 목적어 앞에 받는 물건이 바로 오지만, 〈목적어 + of + 받는 물건 / 목적어 + that + S + V〉식으로 심리적 소유영역에 놓인 물건 앞에 of 또는 that이 온다.

이 어순(틀)에서 〈of 또는 that〉은 어디에 쓰는 물건인가?

다음 그림으로 확인하자.

1) I informed her + [that 절 S + V ~]

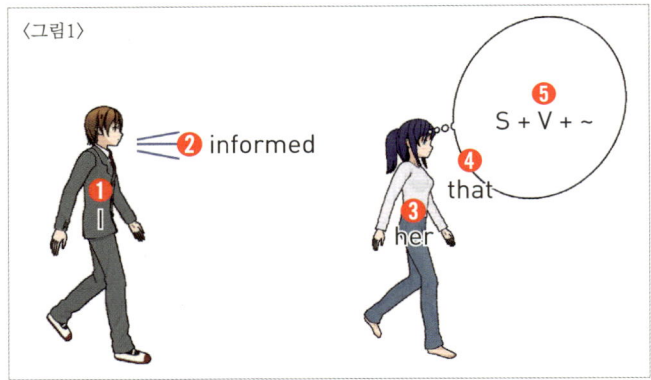
〈그림1〉

〈that 절 S + V ~〉:
있는 그대로의 벌어진 사건을 알리는 객관적 묘사로서 신문이나 논문 등에서 발표된 내용, 서로 알고 있는 사실, 명제 그리고 가능성 등 객관적인 사실을 담는 그릇이다.
〈말 보따리 기능어〉

■ **벌어진 사건을 그대로 알리는 표현**
    S + inform + 사람 + that ~
         notify

2) I informed him + [of + 내용 소재]

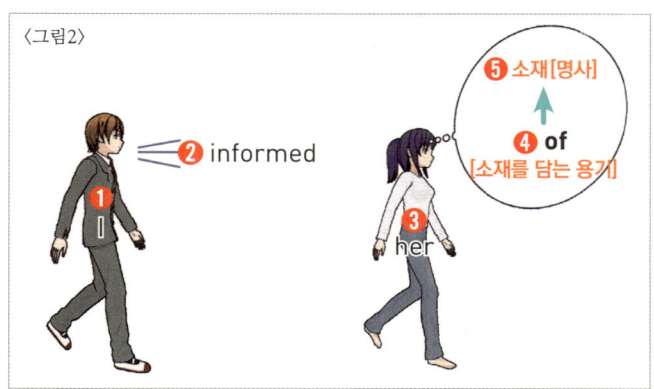

〈of + 알린 내용의 구성 요소, 소재 및 그 자체의 존재〉 :
of는 이야기를 구성하는 소재 및 그 자체의 존재를 담는 그릇(기능어)이다.

His secretary informed him of the tragedy.

원인 : 그의 비서는 알려주었다.
결과 : 그 결과 그의 소유영역에 놓은 것은 그 비극이란 소재.
  = 그의 비서는 그 비극의 존재를 그에게 알렸다.

위 〈그림2〉를 왼쪽 행위자(주어)로부터 번호대로 순차적으로 (순서대로) 스캔하면서 글을 쓰거나 말을 하면 영어 문장 완성!

S + **inform** + 사람 + **of** + 명사(알린 내용의 소재)
    notify
    advise
    remind

예 문

· He *notified* the government *of* her death.
· His secretary *advised* him *of* his fiancee's arrival at the office.
· To calm my nerves, *I remind myself of the fact* that I'm one of the best spellers in my grade.

3) 3형식 + 4형식이 결합한 형식

1 I said to her that he went.
→ 나는 '그가 갔다'라는 사실을 그녀에게 말하여 전했다.
(4형식 감각의 3형식)

다음 예문을 보자.
I threw a ball to him.

영어 어순
[힘의 작용 (시공간 이동) 순서]

〈그림1〉 장면은 3형식 문장으로 주어(I)가 공을 소유하고 있는 상태에서 던지는 원인 행위에 의해서 그 결과 공이 받는 사람에게로 이동하여 닿게 되는 사이 관계를 갖는 장면이다.

여기서 힘의 작용이 〈cause and effect 법칙 + 시공간 차례가기 원리〉를 따른다.

원인: [사이공간 ①]에서 threw(던졌다)라는 힘이 원인으로 작용하여

결과: a ball이 떨어져 있는 [사이공간 ②]를 to만큼 방향성과 목적성을 갖고 의도한 곳으로 이동하는 결과 모습이 잘 묘사되어 있다.

PART 05 _ 특수구문의 이해

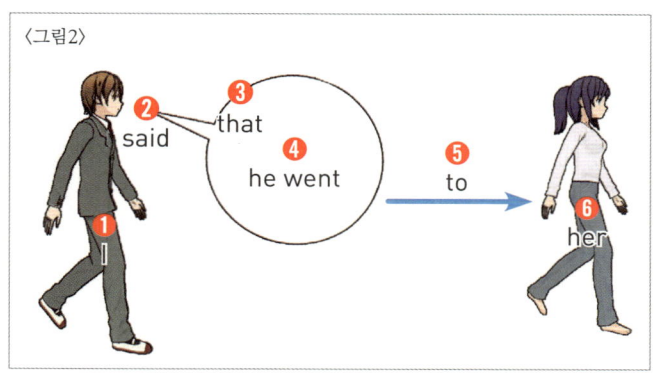

〈그림2〉

위 예문의 구체적인 대상인 '볼을 던져주는' 장면 대신 추상적인 대상인 '~사실을 말하여 전해 주는' 장면으로 바꾸면, 〈그림2〉와 같다.
장면을 시공간 차례가기로 읽으면, 다음 문장이 된다.
I said (that he went) to her.

참고

say는 말하는 내용에 초점이 있는 단어이다.
말 보따리(말풍선) - that
말 보따리에 담긴 내용 :
he went.

원인: 내가 말을 하면, 나로부터 나온 이야기가 말 보따리 (말풍선)에 담긴다.
결과: 그 후 그 말 보따리가 시공간을 이동하여 의도한 대상인 그녀에게 닿는다(전해진다).

그런데, 문자적으로만 보면, I said + / 다음의 that~ 이하의 내용에 혼선을 빚을 가능성이 있다.
즉 that- 이하의 절을 아래 두 가지로 묶을 수 있다.

첫째, I said (that he went) to her. 나는 (그가 갔다는 사실을) 그녀에게 말했다. 둘째, I said (that he went to her) 나는 (그가 그녀에게 갔다는 것을) 말했다. 이는 '그녀에게(to her)'라는 표현은 원래 장면에서 '내가 그녀에게 말했다.'라는 의미인데, 내가 말한 사실 즉, that-절(말보따리/말풍선)에 담긴 내용으로 오해를 일으킬 가능성이 있다.

STEP 05 • 4형식 응용 표현 _ 233

이 문제를 해결하기 위해서 다음과 같이 that-절의 위치가 바뀐 문형이 등장했다.

I said (that he went) to her. ➡ I said to her that he went.

여기서 의문점이 하나 생긴다.

her 다음에 that-절이 위치하는 것이 어떻게 가능할까? 단지 that-절의 문장이 길어서 뒤로 뺐다는 설명으로 이해될까? that-절이 her 다음에 위치해도 자연스럽게 받아들일 수 있는 이유는 무엇일까?

그럼, 4형식 문형으로 가 보자.

〈그림3〉

4형식은 주는 사람과 받는 사람이 한 장소에 있어 손을 뻗치면 바로 줄 수 있는 위치에 있다. 주는 사람의 행위가 원인(갖도록 야기시키는/cause)이 되어, 그 결과 받는 사람의 소유영역에 물건이 놓이는(받는 사람이 소유하는/effect) 상태를 표현하는 형식이다.

〈그림3〉에서 'her the letter' 부분에 주목해 보자. 그녀의 소유영역에 the letter가 놓여 있는(닿아 있는) 장면이다. 그녀가 편지를 소유하고 있는 상태를 표현한다.

I said to her that Mr. Kim is a great person.

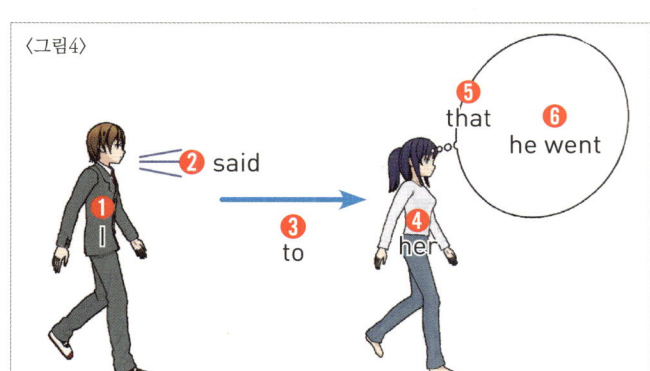
〈그림4〉

마찬가지로 〈그림4〉에서 'her that~' 부분도 그녀가 그녀의 소유영역에 that-절(말 보따리, 말 풍선의 이야기)를 소유한 장면이다. 아래의 4형식 문형의 밑줄 친 부분과 같다.

a) I **told** her that Mr. Kim is a great person.
b) I **said to** her that Mr. Kim is a great person.

원인 : 내가 그녀에게 말하여 전해 주어서
결과 : 그녀가 that-절의 내용을 인지영역에 소유한 상태임.

위 a), b) 문장에서
〈said to → told〉와 상응하여 '말하여 전해 주다'라는 표현이 됨으로 4형식의 소유 표현 즉, her 다음에 that-절이 위치해도 자연스럽게 받아들일 수 있는 이유이다.
종합하면,
위 b) 문장은 3형식의 앞부분과 4형식의 뒷부분이 조합된 '결합된 형식'이라고 할 수 있다.

여기서도 힘의 작용이 〈cause and effect 법칙 + 시공간 차례가기 원리〉를 따른다.

 **참고**

우리는 말하다 동사 중 'say'와 'tell'을 모두 '말하다'라는 동일한 의미로 알고 있다. 그러나 역할이 다르다.

❶ 'say'
'~ (이야기)를 말하다, ~ 말을 하다'라는 뜻으로 말한 내용에 초점이 있다.

❷ 'tell'
상대에게 말하여 전해주는 전달에 초점이 있다.

❷ John suggested to me that I should buy a house now.

→ 존은 나에게 지금 집을 사야 하는 것이 타당하다고 나에게 제안했다.

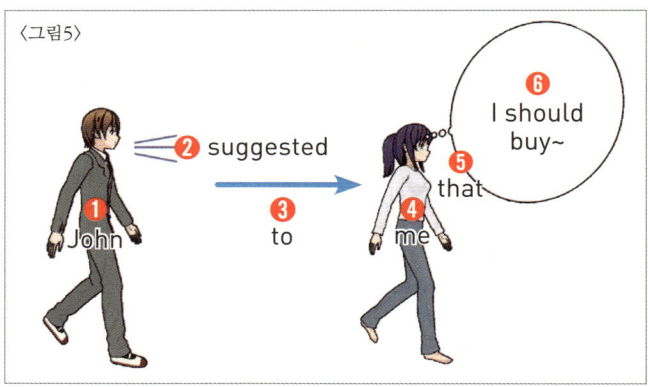

〈그림5〉

 **참고**

제안(suggest)한다는 것은 '내 생각을 말하는 것'이다.
제안하는 내용인 that-절의 내용이 '내 생각에는 ~함이 타당해(should-주관적 생각)'라는 표시를 해주어야 하기에 [should + V원형]으로 써주는 것이다.

suggested to me that S + should + V원형~

→ 존은 나에게 지금 집을 사야 하는 것이 타당하다고 나에게 제안했다.

위 [차례가기 그림5]를 왼쪽 행위자(주어)로부터 시선 안내선을 따라 순차적으로(순서대로) 스캔하면서 글을 쓰거나 말을 하면 영어 문장 완성!

🔶 **예문**

She said to me that it was true.
→ 그녀는 그것이 사실이라고 나에게 말했다.

He explained to me that the party was put off.
→ 그는 파티가 연기되었다고 나에게 설명했다.

I've explained to you that what happened to you is not your own fault.
→ 네게 일어난 일은 너의 잘못이 아니라고 네게 설명해 주었잖아.

He confessed to me that he had stolen into the house.
→ 그는 집이 도난 당했다고 고백했다.

He described to me how he felt when she told him she wanted to leave him.
→ 그는 그녀가 그와 헤어지고 싶다고 했을 때 어떤 느낌이 었는지 나에게 말해 주었다.

They admitted to me that they made a mistake.
→ 그곳에서 자기들이 실수를 했다고 내게 인정했다.

3. [채워 넣다] 장면

She filled up her bucket with water.
→ 그녀는 물로 양동이를 가득 채웠다.

〈그림1〉

위 〈그림1〉은 그녀가 물통을 들고 가서 물가에 내려놓는다. 이때 위치 관계를 보면 장면의 왼쪽부터 오른쪽으로 그녀, 빈 물통, 그리고 물의 순이다.

 참고

빈 용기 + with + 충전물 :
여기서 with는 '채워지는'
→ '충족(충만)되는' 의미의
사이 관계를 표현한다.
그래서 '만족 되는' 뉘앙스를
갖고 있다.

원인 : 그녀와 빈 물통 사이에는 가득 채워 넣는 원인 행위가 존재한다.

결과 : 빈 물통과 물의 사이관계는 물이 물통(용기)에 가득 채워져 함께하는 관계이다. 이를 with로 표현한다.
'her bucket with water'는 '물통에 채워져 함께하는 물'이란 표현이다.

따라서, 위 〈그림1〉은 '그녀가 가득 채우니 그 결과 빈 물통에 가득 채워지는 물'이라는 〈차례가기 장면〉이다.
〈cause and effect 법칙 + 시공간 차례가기 원리〉 적용!
왼쪽에서 오른쪽으로 스캔하며 읽으면 끝!

예문

The Dream Ball Project provides children in disaster zones with special soccer balls made from aid boxes.
→ 드림볼 프로젝트는 재난지역의 어린이들에게 구호박스들로 만든 특별한 축구공을 제공한다.

Children get a ball that inspires them with dreams.
→ 아이들은 그들에게 꿈으로 영감을 주는 공을 얻는다.

After filling up their buckets with water, ~
→ 그들의 양동이에 물을 가득 채운 후에~

Dishes were decorated with pretty toppings.
(수동문)
→ 접시들은 예쁜 토핑으로 장식되었다.

The fire quickly burnt out, providing him and his men with an area of ash where they would be safe from the frightening flames.
→ 불은 순식간에 타올랐고, 그와 그의 부하들에게 무서운 불로부터 안전한(불에 탄) 재로 된 영역을 제공해 주었다.

4. 〈맡기다, 수여하다, 제공하다〉 장면

They presented the winner with a gold medal.
→ 그들은 우승자에게 금메달을 선물했다.

present
(공식적으로) 증정하다, 수여하다.

주의
수여한다고 해서 with 없는 4형식으로 쓰면 안 돼요!

※ 우승자(용기)는 '보상받길 원하는 빈 용기와 같다. 따라서 여기에 만족할 만한 보상(충전물)이 담기게 된다.

※ 금메달(충전물)은 〈채워져서(보상받아서) 만족해하는(만족할 만한) 그런 물건〉.

위 〈그림1〉의
present + 〈A with B〉
= 수여하다 + 〈우승자 with 금메달〉
여기서 〈우승자 with 금메달〉은
〈우승자(용기) with 금메달(충전물)〉의 개념이다.

따라서, fill A with B 문형과 같은 구사 감각이다.

They presented the winner with a gold medal.

원인 : 그들이 수여하니
결과 : 우승자에게 없어서 갖고 싶은(채우고 싶어 갈급했던) 금메달이 채워져 만족해하는 장면이다.

따라서, 이 장면도 〈cause and effect 법칙 + 시공간 차례가기〉가 적용되며, 왼쪽에서 오른쪽으로 스캔하며 읽으면 끝!

예문

The winner was presented with a gold medal.
(수동태 문장)
→ 우승자에게는 금메달이 수여되었다.

During the meeting we were served regularly with tea.
(수동태 문장)
→ 회의를 하는 동안 우리에게 정기적으로 차가 제공되었다.

The best way to teach children is to reward them with lots of praise.
→ 어린이를 가르치는 가장 좋은 방법은 보상으로 많은 칭찬을 해주는 것이다.

She trusted him with her entire soul.
→ 그녀는 그에게 자신의 영혼을 맡겼다.

5. [3형식의 ~을 주다] 표현에서 전치사 변형

다음 세 문장은 기본적으로 3형식의 '~을 주다' 표현이다. 그런데 전치사의 to 대신 at, on을 썼는데 의미의 차이는 무엇일까? 장면(그림)으로 확인해보자.

1) 전치사 to를 쓰는 경우

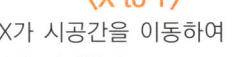
⟨X to Y⟩
'X가 시공간을 이동하여 닿는 Y'를 의미한다.

주는 원인 행위(give, throw, transfer, offer 등)로 인해 가지고 있던 소유물건이 떨어져 있는 상대에게 의도적으로 이동되는(즉, 소유권 이동되는, 주어지는) 결과 장면이다.

2) 전치사 at을 쓰는 경우

⟨X at Y⟩
'X의 반응은 Y의 자극에 대한 것'을 의미한다.

공을 던지는 행위는 그의 자극적 행위(약을 올리는 행위)에 대한 반응임을 ⟨전치사 at⟩으로 표현한 것이다.

PART 05 _ 특수구문의 이해

3) 전치사 on을 쓰는 경우

〈X on Y〉
'X가 Y에 접촉하는 관계'를 표현한다. 이런 관계 중 'X가 위에 얹혀서 Y에 접촉하고 있는 관계'도 포함된다. X가 Y 위에 올려져서 얹혀 있으면 Y는 부담을 느끼게 된다.

〈그림3〉

시선이동 : 왼쪽에서 오른쪽으로 스캔하여 그림정보를 입력한다.

 **비교**

to는 의도적 방향을 나타내지만, on은 덮쳐드는 기분·공격·부담(곤란하게 함)의 뜻이 더해진다.

위 〈그림3〉은 공을 던지니 그 공이 상대에게 얹히는 즉, 덮쳐드는 기분·공격·부담(곤란하게 함)·충격을 주는 장면이다.

4) 전치사 for를 쓰는 경우

〈그림4〉

leave(남겨두고 떠나다)나 make[(새로운 것을) 만들다]라는 동사는 '물건의 장소 이동과는 상관이 없는 동작'이다. 이런 동작들은 '~을 염두에 두고(~를 위하여/~을 향하여)' 하는 행위라서 전치사 for를 쓴 것이다.
이런 표현은 주기 이전의 행위이다.

STEP 05 • 4형식 응용 표현 _ 243

6. [잡다] 장면

I caught her by the wrist.
→ 나는 그녀의 손목을 잡았다.

그녀(전체)를 붙잡기 위해 그녀의 손목을 잡은 장면이다.

　'caught + her' 애초의 잡으려 한 목적대상이 그녀(전체)이다. 그녀를 잡으려고 하다 보니 그녀의 손목을 잡은 것이다. 잡은 원인 행위로 말미암아 그 결과 그녀의 손목이 잡혀서 그 손목의 전적인 힘에 못 움직이는(지배되는) 결과가 나온 장면이다.

➡ 〈cause and effect 법칙 + 시공간 차례가기 원리〉 적용

〈그림1〉을 왼쪽 행위자(주어)로부터 오른쪽으로 순차적으로 (순서대로) 스캔하면서 글을 쓰거나 말을 하면 영어 문장 완성!

7. [보다] 장면

He looked her in the face.
→ 그는 그녀의 얼굴을 쳐다보았다.

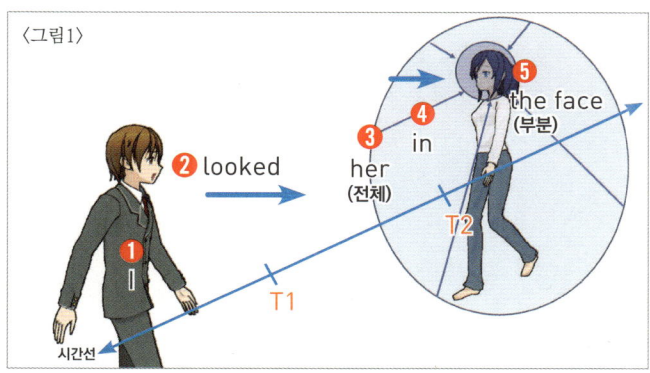
〈그림1〉

어떤 식으로 사고하기에 이런 문형이 나온 것일까?
위 〈그림1〉로 확인해보자.

① 내가 시선을 주면(look) 처음에는 그녀 신체의 전체가 시야에 들어온다. - T1
② 그 후 시야가 좁아져(zoom in) 그녀 신체의 일부분인 얼굴에 초점이 맞추어진다. - T2

 **참고**

look
의식적 행위로 시선을 주다.
see
무의식적 행위로 시야에 들어오는 것을 보다. 그리고 보아서 알다.

　여기에는 시선을 주어 보는 대상이 전체에서 부분으로의 초점이 맞추어지기까지 시간차가 발생하고, 공간 축소가 이뤄진다.
이러한 현상을 [시공간 차례가기 원리]로 표현한 것이다.

〈그림1〉을 왼쪽 행위자(주어)로부터 오른쪽으로 순차적으로 (순서대로) 스캔하면서 글을 쓰거나 말을 하면 영어 문장 완성!

예문

She stared him in the face.
→ 그녀는 그의 얼굴을 빤히 쳐다보았다.

8. [때리다] 장면

〈S + 때리다 동사(shoot, hit, punch, pelt, kick, kiss) + 대상 전체 + in(on) + the 대상의 부분〉 문형

I shot a deer in the head.
→ 나는 사슴의 머리를 쐈다.

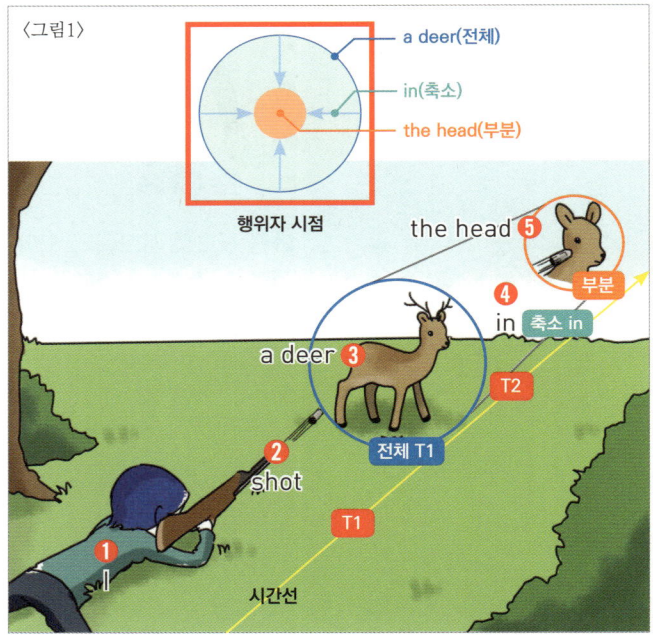

다음 그림으로 확인하자!

① 처음 내가 총을 쏘는데 사슴을 맞추려는 의도이다. (대상인 사슴 전체가 목표이며 그것이 시야에 들어온다.)
   - T1
② 총알이 사슴을 향해 발사된 후 몸 전체 중의 일부인 머리로 범위를 좁혀지며(in) 가서 맞춘다. - T2

대상을 쏴서 맞추려는 시점(T1)과 그 후 총알이 맞는 시점(T2)에는 시간차가 있고 순차적이다.

또한, 신체 전체가 목표였는데, 신체의 일부가 맞는 범위의 축소(좁아짐)를 X(신체 전체) in Y(신체 일부)의 사이 관계를 in으로 표현했다. 이러한 현상을 〈시공간 차례가기〉로 표현한 것이다.

〈그림1〉을 왼쪽 행위자(주어)로부터 오른쪽으로 순차적으로 스캔하면서 글을 쓰거나 말을 하면 영어 문장 완성!

예문

He blinked and grimaced as the rain hit him in the face.
→ 그는 비가 (자신의) 얼굴을 때리자 눈을 깜박이고 얼굴을 찡그렸다.

He let the water pelt him in the face.
→ 그는 (그) 물이 (자기) 얼굴을 마구 때리도록 내버려뒀다.

She punched him in the arm.
→ 그녀는 그의 팔을 주먹으로 쳤다.

The woman kicked the man in the stomach.
→ 그녀는 그 남자의 배를 걷어찼다.

She kissed him on the cheek.
→ 그녀는 그의 볼에 키스를 했다.

ear, forehead, mouth, chin, cheek, nose 등은 on을 사용하며, 기본 의미인 '접촉'을 뜻한다.

The ball hit him on the nose.
→ 그 공은 그의 코를 맞추었다.

on은 '접촉'이라는 기본 의미뿐만 아니라 덮쳐지는 기분·공격·영향·충격 곤란하게 함의 뉘앙스가 부각됨.

9. 〈분리·제거·박탈〉 장면

〈S + 분리·제거·박탈 동사(rob, deprive, clear, wash, empty 등) + 대상(장소 혹은 사람) + **of**(분리·제거·박탈의 of) + 제거 대상〉

A doctor cured me of rheumatism.
→ 의사가 나의 류머티즘을 치료했다.

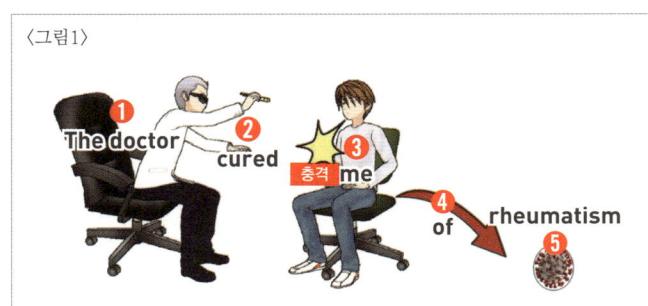

〈그림1〉

위 장면은 모두 '행위자로부터 나온 행위(영향, 충격)가 원인이 되어, 대상에 붙어있던 어떤 물건이 떨어져 나가는 결과가 나오는 장면'이다.

 원리이해

충격에 의한 탈락의 of

충격에 의한 분리 현상을 잘 이해할 수 있는 실생활에서의 예

첫째, 빨랫줄에 이불을 걸어둔 상태에서, 막대기로 쳐서 이불에 붙어있는 먼지 털어내는 장면
둘째, 누군가 툭 쳐서 손에 들고 있던 물건이 떨어지는 장면
셋째, 핸드백을 거꾸로 들고 툭툭 쳐서 핸드백 속의 물건을 빼내는 장면
넷째, 나무를 흔들어 붙어있던 열매를 떨어트리는 장면
다섯째, 쿵 치니 유리에 붙어있던 벌레가 떨어지는 장면 등

〈그림1〉의 장면은 다음과 같이 이해된다.

① 의사로부터 나온 치료하는 행위(힘)가 : (cured)
② 대상인 나에게 영향(충격)을 주어 : me
③ 그 충격으로 분리·제거·박탈되는 : (구분·분리·박탈의 of)
④ 제거·분리되는 병: rheumatism

나와 제거·분리되는 류머티즘과의 사이관계를 분리·제거·박탈의 of로 표현했다.

➡ 〈cause and effect 법칙 + 시공간 차례가기 원리〉 적용

〈그림1〉을 왼쪽 행위자(주어)로부터 오른쪽으로 차례가기로 스캔하면서 글을 쓰거나 말을 하면 영어 문장 완성!

예문

Please don't deprive me of the pleasure.
→ 제발 저에게서 그 즐거움을 빼앗지 말아 주십시오.

I couldn't clear my mind of doubts.
→ 마음에서 의심을 털어낼(풀) 수가 없었다.

She emptied her purse of its contents and put the money in it.
→ 그녀는 핸드백의 내용물을 비우고 거기에 그 돈을 넣었다.

They are depleting their country of its natural resources.
→ 그 나라는 자기 나라의 자연자원을 고갈시키고 있다.

The man defrauded the old woman of her house.
→ 그 남자는 그 노파의 집을 속여서 빼앗았다.

10. [제거] 장면

[S + 제거 동사(remove) + 제거 대상 + from(출발점으로부터의 거리감) + 대상(장소 혹은 사람)]

He removed my name from the list.
→ 그는 내 이름을 목록(명단)에서 제거(삭제)했다.

여기서 나의 이름과 원래 있던 리스트와의 사이관계가 거리감을 두고 있음은 물론 그곳이 원래 있었던 원점임을 from으로 표현했다.

〈그림1〉의 장면은 다음과 같이 이해된다.
① He로부터 나온 제거하는 행위(힘)가 : removed
② 제거 대상인 내 이름에 영향(충격)을 주어 : my name
③ 원래 있던 곳으로부터 떨어져 나와 거리를 둔 장면 : from
④ 원래 있던 곳 : the list

행위자의 행위가 '행위자 쪽으로(-방향) 작용하는 경우'이다. 취하여 갖거나 제거하는 원인 행위 시점과 분리되어 떨어져 나온 상태의 결과 시점에는 시간차가 있고 순차적이다.
- [cause to have 법칙] 및 [힘의 시공간 차례가기 원리]

〈그림1〉을 왼쪽 행위자(주어)로부터 시선 안내선을 따라 차례가기로 스캔하면서 글을 쓰거나 말을 하면 영어 문장 완성!

PART 05 _ 특수구문의 이해

📝 **참고** 앞에서 알아보았던 두 문장의 차이점은 어디에서 오는가?

A doctor cured me of rheumatism.
→ 의사가 나의 류머티즘을 치료했다.

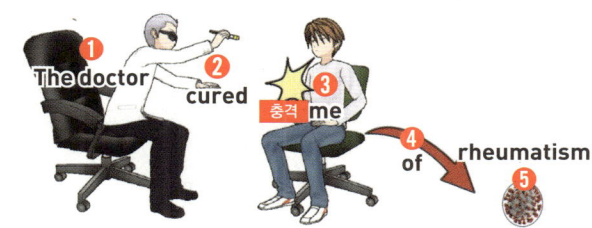

- cured의 힘의 방향은 행위자의 앞쪽인
  ➡ (왼쪽에서 오른쪽으로/+방향)이다.

He removed my name from the list.
→ 그는 내 이름을 목록에서 제거했다.

- remove의 힘의 방향은 ➡ (오른쪽에서 왼쪽으로/-방향)이다.

행위자의 행위가 +방향이냐 -방향이냐의 차이가 of를 쓸 것인지, 혹은 from을 쓸 것인지가 결정된다.

〈그림2〉를 왼쪽 행위자(주어)로부터 시선 안내선을 따라 차례 가기로 스캔하면서 글을 쓰거나 말을 하면 영어 문장 완성!

11. [방해·금지시키는] 장면

- 하지 못하게 하다.
- [S + 금지·막다 동사(prevent, disable, stop, keep 등) + 대상 + from(출발점으로부터의 거리감) + V-ing(할 가능성이 있는 동작)

〈V-ing〉 형태
과거 사실, 현재 진행과 동시성, 그리고 가까운 미래에 일어날 가능성 표현 그림

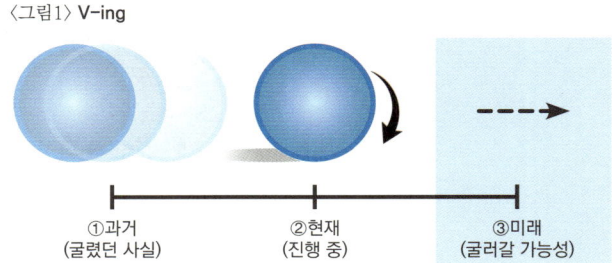

〈X from Y〉
X가 Y(출발점)로부터 떨어져 거리를 두고 있는 관계를 from으로 표현

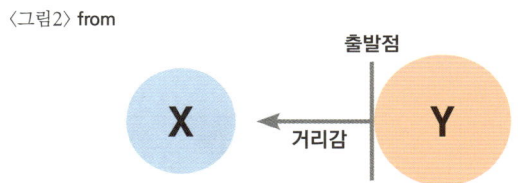

He kept her from falling.
→ 그는 그녀가 떨어지지 않도록 (붙잡아) 지켰다.

① He로부터 나온 힘이 : He
② 붙잡고 막는 행위로 전이되어 : kept
③ her에게 영향을 미치니 : her
④ 거리를 두고 떨어지게 되는 : from
⑤ 미래에 일어날 할 가능성이 있는 행위 : falling
- ⟨X(her) from Y(falling)⟩
- '그녀의 진행 상황으로 보아 떨어질 가능성이 있는 행위로부터 떨어져 거리를 두고 있는 장면'이다.

막는 행위의 시점과 그 결과 할 가능성이 있는 행위로부터 떨어져 못하는 상태는 시간차가 존재하며, 순차적이다.

다음은 위 문장을 더 구체적으로 묘사한 문장이다.

He reached out and gripped her arms to keep her from falling.
→ 그는 팔을 뻗어 그녀의 두 팔을 붙잡아 떨어지는 것을 막았다.

⟨그림3⟩을 왼쪽 행위자(주어)로부터 시선 안내선을 따라 차례 가기로 스캔하면서 글을 쓰거나 말을 하면 영어 문장 완성!

예문

His illness disabled him from climbing the mountain.
그의 병이 그를 무력하게 만들어 그 산을 등반하는 것을 막았다.
→ 그는 병 때문에 그 산을 등반하지 못했다.

I couldn't stop him from drinking a lot last evening.
나는 어젯밤 그가 술을 많이 마시는 것을 막을 수가 없었다.

예문

He tried to dissuade his son from starting business.
그는 자기 아들을 낙담시켜 사업을 시작하는 것을 막으려고 애를 썼다.(dissuade=못하도록 낙담시켜 막다/부정적이 되도록 설득시키다)
→ 그는 아들을 설득해서 사업하는 것을 막으려고 애를 썼다.

 참고

① dissuade : 부정적이 되도록 설득시키다
  dissuade + 사람 + from V-ing

② persuade : 긍정적이 되도록 설득시키다.
  persuade + 사람 + to-V

Students are prohibited from smoking inside the school.
→ 학생은 교내에서 담배 피우는 것이 금지되어 있다.

His poverty hindered him from marrying her.
→ 그의 가난이 그가 그녀와 결혼하는 것을 방해했다.

Some Europeans used black pepper for keeping meat from going bad.
→ 어떤 유럽인들은 고기가 상하지 않게 유지하고자 검은 후추를 사용했다.

비교연구

현재 하고 있거나 앞으로 일어날 가능성이 있는 일을 못하게 막는 경우 prevent를 사용한다.

다음 두 문장은 장면과 뜻이 다르다.

① **현재 하고 있는 행위**를 막을 경우 :
  The snow prevented me(my) going out.로,

② **앞으로 일어날 가능성이 있는 행위**를 막을 경우 :
  The snow prevented me from going out.으로 표현하는 것이다.

12. [주장하는] 장면

insist on V-ing
~ 할 것을 우기다, 고집하다, 끝까지 주장하다

〈그림1〉

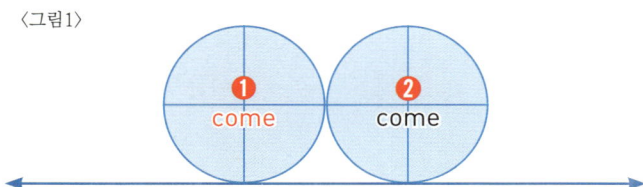

동작 + on 표현은 어떤 동작을 계속해서 하는 장면이다.
어떤 동작을 계속한다는 것은 그 동작이 연이어 닿아 있는 장면이기 때문에 전치사 on을 붙인다.

She **insisted on** going.
→ 그녀는 꼭 간다고 우겼다(고집부렸다).

〈그림2〉

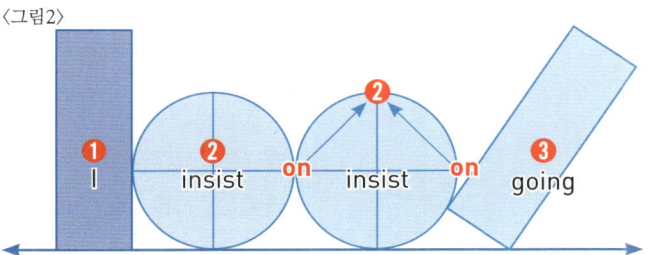

① 그녀는 : **She**
② 우겼다 : **insisted**
③ 우기는 동작의 반복 및 갈 가능성 있는 행위에 접촉한 상태 : **on**
④ 가는 행위(앞으로 일어날 가능성이 있는 행위) : **going**

〈그림2〉를 왼쪽 행위자(주어)로부터 시선 안내선을 따라 차례 가기로 스캔하면서 글을 쓰거나 말을 하면 영어 문장 완성!

13. [~하면서 시간을 보내다] 장면

• spend + time + V-ing

She spent + thirty years + recording the lives of people in his hometown of Seoul.

→ 그녀는 그의 고향인 서울에서 사람들의 삶을 기록하면서 30년 동안 보냈다.

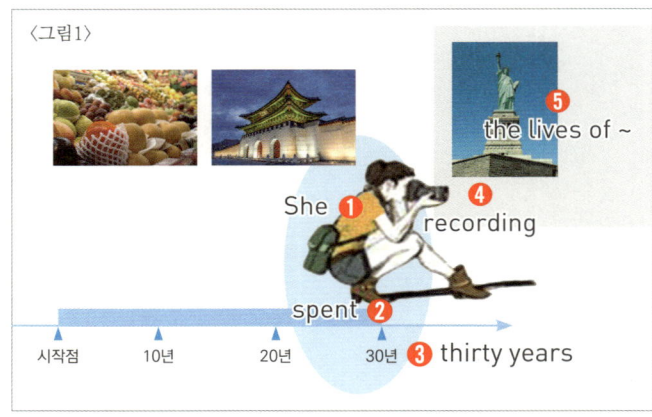

행위를 진행하면 시간은 자동으로 흐른다.
위 〈그림1〉은 다음과 같이 사고한다.

① 행위자가 시공간 선상을 걸어가면서 시간을 보낸다. (소비한다).

She spent + thirty years

two track이 동시에 플레이 되는 장면이다.
100m 달리기에서 여러 레인에서 여러 명의 선수가 동시에 달리는 장면을 생각하면 이해가 쉽다.

② 동시에 ~을 기록하면서

recording the lives of people in his hometown of Seoul.

〈그림1〉을 왼쪽 행위자(주어)로부터 시선 안내선을 따라 차례가기로 스캔하면서 글을 쓰거나 말을 하면 영어 문장 완성!

14. [덕택이다] 장면

- **owe + A + to + B = A는 B 덕택이다.**

I owe 10 dollars to John.
→ 존에게 10달러 빚이 있다. (갚아주어야 한다)

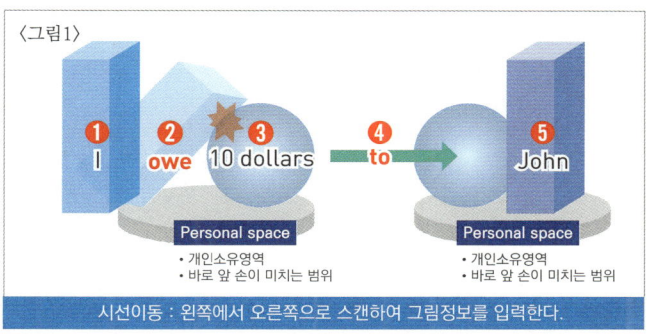

'내가 빌려서(신세를 져서) 10달러를 가지고 있는 상황이다. 이것은 신세진(빚진) 것을 갚아주면 그 10달러는 빌려준 사람에게 이동하여 닿게 된다.
- 〈3형식의 '~를 주다' 표현〉에서 give 대신에 owe(신세진 것을 갚아주어야 한다)를 썼을 뿐이다.

※ **Many people (who survived the Titanic disaster of 1912) owed their lives to life jackets (made from sun-flowers).**
- 1912년의 타이타닉 재앙에서 살아남은 많은 사람의 생명은 해바라기로 만들어진 구명조끼 덕택이었다.
*(괄호 속)의 내용은 수식어들이다.

많은 사람이 생명을 구명조끼에게 빚졌다.(갚아야 했다)
많은 사람의 생명은 구명조끼 덕택이었다.

〈그림1〉을 왼쪽 행위자(주어)로부터 시선 안내선을 따라 차례차례로 스캔하면서 글을 쓰거나 말을 하면 영어 문장 완성!

15. [~할 예정인] 장면

1) [be to V원형]

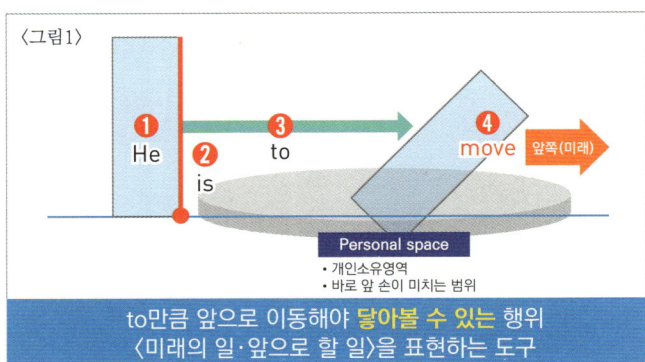

위 〈그림1〉에서 행위자(주어)가 존재하는 곳과 가서 닿아야 할 행위와는 to만큼 [시공간의 거리감]을 가지고 있는 관계이다. 즉 **가서 닿아야 할 행위를 to만큼 앞에 두고 있는 장면**이다.

① 〈예정〉 …하기로 되어 있다, …할 예정이다.

가서 닿아야 할 앞에 둔 일이 ➡ 계획된 것이면,
- We **are to** meet at 6.
  → 우리는 여섯 시에 만나기로 되어 있다.

② 〈의무·명령〉 …할 의무가 있다. …하여야 한다.

가서 닿아야 할 앞에 둔 일이 ➡ 법(규칙)이나 명령이면,
- You **are not to** speak in this room.
  → 이 방에서 이야기를 해서는 안 된다.
  《부정문에서는 금지를 나타냄》.

③ 〈운명〉 흔히 과거시제로 …할 운명이다.

가서 닿아야 할 앞에 둔 일이 ➡ 신의 뜻이라면,
- He **was never to** see his home again.
  → 그는 고향에 다시는 못 돌아갈 운명이었다.

④ 《필요》《조건절에서》
　　…하는 것이 필요하다면, …해야만 한다면
　　가서 닿아야 할 앞에 둔 일이 ➡ 조건이라면,
　　• If I **am to** blame, ...
　　　→ 만일 내가 나쁘다면(비난을 받아야 한다면)

⑤ 《목적》…하기 위한 것이다.
　　가서 닿아야 할 앞에 둔 일이 ➡ 의도한 것이라면,
　　• The letter **was to** announce their engagement.
　　　→ 편지는 그들의 약혼을 알리기 위한 것이었다.

2) [be about to + V원형] 용법

• 막 ~하려 하다.

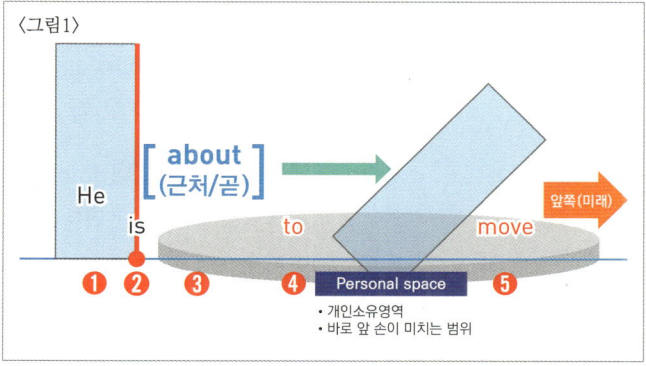

about(주위, 부근, 근처, 신변)만큼 앞에 가서 닿아야 할 행위(to+V원형)를 두고 있는 상태

※ We **were about to** start, when it rained.
　→ 막 출발하려는데(떠나려는데), 비가 왔다.

3) [be going to + V원형] 용법

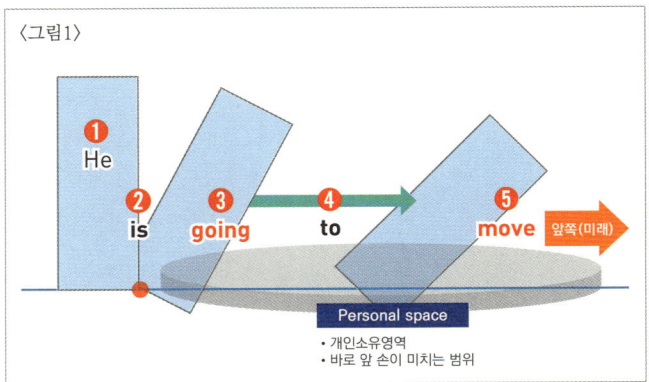

〈그림1〉

위 〈그림1〉은 두 가지로 해석된다.

첫째, 가서 닿아야 할 행위를 to만큼 앞에 두고 그것을 하려고 진행하고 있는 장면이다.

가서 닿아야 할 행위를 to만큼 앞에 두고 그것을 하려고 진행하고 있으면,

'〈의지〉…할 예정[작정]이다'로 해석된다.

I'm going to have my own way.
나 좋아하는 대로 할 작정이다. (I will …)

둘째, 진행 상황(going)으로 보아 가서 닿을 가능성이 있는 행위를 앞에 두고 있는 장면이다.

진행 상황으로 보아 앞으로 가 닿을 것 같은 일을 추론하면,

① '〈가능성·전망〉 있을[…할] 것 같다(be likely to)'로 해석된다.

Is there going to be a business depression this year?
→ 올해에 불경기가 올 것 같은가?

② '〈가까운 미래〉 바야흐로 …하려 하고 있다'로 해석된다.

Do you think it's going to rain?
→ 비가 올 것 같은가?

16. 추론

1) I think him to be honest.
→ 나는 그가 정직하다고 생각해.(주관적 추론)

내가 그를 생각해보니(think), 그 생각이 가서 닿은 결론(to)은 그가 정직하다는 것이다. 이것을 번역하면 '나는 그가 정직하다고 생각한다.(주관적 생각)'가 된다.

〈그림1〉을 왼쪽 주어로부터 차례가기로 스캔하면서 글을 쓰거나 말을 하면 영어 문장 완성!

 참고

to만큼 앞으로 이동하여 **생각으로 닿아보는 행위** –〈추론·개인 의견〉을 표현하는 도구

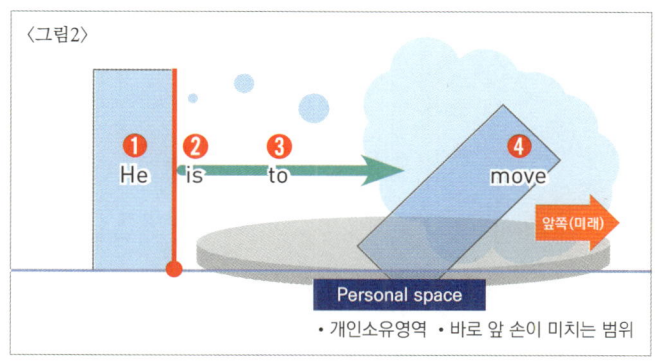

저만치 앞에 둔 일은 미래에 일어날 일이다.
우리는 매순간마다 현재에 존재하기에 미래에 일(앞에 둔 일)은 생각으로만 가서 닿아볼 수밖에 없다.
미래에 일은 그 누구도 알 수가 없기에 객관적이지 못하다. 따라서 개인이 생각으로 가서 닿아보기 때문에 **'주관적 생각'**이며, 생각이 가 닿아보는 결론, 즉 **추론**이 된다.

17. It is 강조 that 나머지 문장

It was during this time that Europeans first visited America.
→ 유럽인들이 처음 미국을 방문했는데 바로 이 시기지.

Ⓐ **Europeans first visited America during this time.**
→ 유럽인들이 이 시기 동안에 처음 미국을 방문했다.

위 Ⓐ문장 중 밑줄 친 'during this time'을 강조하고 싶다면, 영어에는 특별한 장치가 있다.
아래 틀이 바로 그것이다.

[It is 강조부분 that 문장의 나머지 부분]

그럼 위 틀에서 **강조부분**의 강조 내용인 'during this time'을 집어 넣고, that~ 이하의 문장의 나머지 부분에 예시 문장의 나머지인 'Europeans first visited America'를 위치시키면 다음과 같은 문장이 완성된다.

It was **(강조:during this time)** that **(문장의 나머지 부분 : Europeans first visited America).**

그런데, 〈It is 강조 that 나머지 문장〉이라는 틀은 어디서 나온 것일까? 누가 인위적으로 만들어 그렇게 사용하자고 한 적도 없는데, 자연스럽게 받아들일 수 있는 것은 무슨 이유일까?
[It is 감정·판단의 형용사 that-절] 문형에서 온 것이다.
자, 그럼 이 두 틀은 어떤 연관성이 있는지 살펴 보자.

〈It is 감정·판단의 형용사 that-절〉 문형은 판단 문형으로 저울로 재서 판단하는 장면과 일치함을 이미 언급한 바 있다.

그럼, 몸무게를 재는 장면으로 다시 가 보자.

저울에 올라설 때, 우리의 시선은 먼저 계기판으로 향한다. 그리고 그 시선은 숫자(즉 측정값)에 고정된다.

이유는 간단하다. 재는 행위가 측정값을 얻기 위한 행위이기 때문이다. 재는 대상인 몸은 이미 알고 있는 즉 관심의 대상이 아니기에 부차적이다.

여기서 주목할 점은 '우리의 시선과 신경이 온통 **측정값(감정·판단의 형용사)에 해당하는 부분**에 가 있다'라는 사실이다. 이 측정값에 해당하는 **감정·판단의 형용사 부분이** '관심의 초점'이 되는 부분으로 부각이 된다(눈에 띈다). 이 자리에 문장 중 강조하고자 하는 것을 넣으면 눈에 띄고 관심의 초점을 받음으로 강조되는 것이다.

It이 that-절을 대신하는 바늘이기에 자동으로 it이 that-절을 가리키며 서로 연결되어 있음을 의미한다. 그래서 강조 부분 내용과 that-절~이하의 나머지 문장이 연결되어 자동으로 한 문장임을 나타내게 된다.

이러한 이유로 이 강조 구문이 자연스럽게 받아들여질 수 있는 것이다. **특정틀과 일반문장이 병합된 하이브리드 문장 구조이다.**

구사 감각은 아래와 같다.

눈이 먼저 들어온 계기판에서 바늘(가주어, It)의 존재 상태를 먼저 읽고, 그 중 관심의 초점이 되어 부각되는 측정값 부분에 강조하는 말을 배치시켜 읽는다. 그 다음은 시야을 넓혀 It과 연관성을 표현하는 that을 읽고 이제 딸린 정보[강조하고 남은 문장의 나머지 부분]을 배치하여 읽는다.

〈zoom out 법칙 + 시공간 차례가기 원리〉 적용

It was (강조:during this time) that (나머지 문장: Europeans first visited America).

PART 05
특수구문의
이해

STEP 06

수동태

수동태도 능동태와 마찬가지로
설명하고자 하는 대상에 딸린 정보를
[시공간 차례(순차)가기]로 읽을 뿐이다.

STEP 06   수동태

1. 수동문의 '(be + p.p.)' 형태 이해

1) 능동태에서의 주어

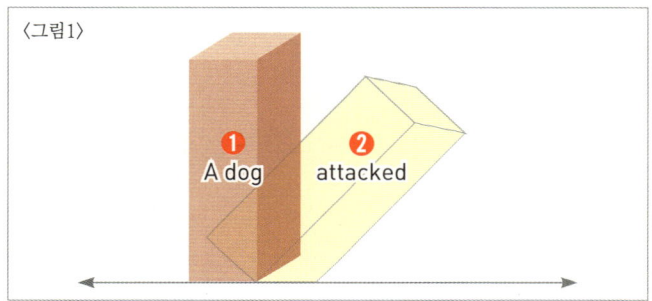

〈그림1〉

위 〈그림1〉은 'A dog(설명하고자 하는 대상)이 행위의 시작점에 닿아 행위를 시작했고 또한 그의 앞 소유영역에 행위를 둠으로 그 행위를 함'으로 해석된다.

능동태에서는 행위의 주체가 주어가 된다.

그리고 모든 행위(동사/목적보어)는 항상 그림의 오른쪽(미래방향, 앞쪽)으로만 넘어진다. (2차원 세계에서)

2) 수동태에서의 주어와 '(be + p.p.)' 형태 의미

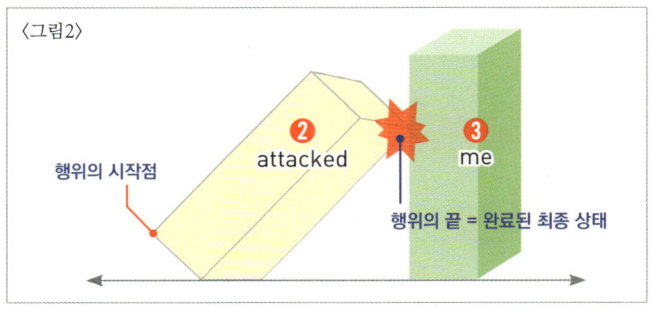

〈그림2〉

위 〈그림2〉는 '주어(설명하고자 하는 대상 me)가 〈어떤 행위의 최종 끝부분(마지막 끝지점 상태=완료된 최종 상태 지점)에 닿아 존재하고 있는(be)〉 모습이다. **이러한 장면은 '행위를 당함'으로 해석이 된다.**

수동태에서는 행위를 당한 자(혹은 것)가 **주어**(설명하고자 하는 대상)가 되며 행위를 당함은 **be**(닿아 존재하는 지점) + **p.p.**(어떤 행위의 최종 끝부분) 형태가 될 수밖에 없다.

3) 수동문 상황 이해

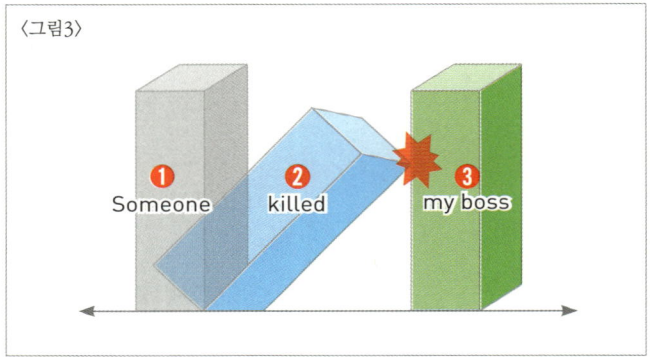

누군가가(Someone) 밤늦게 사무실에 남아 있던 나의 상사(my boss)를 살해했다.(killed)

다음 날 출근한 나는 사건 현장을 목격한다.

발견 당시 나의 눈에는 행위자가 보이지 않을 뿐만 아니라 누가 살해했는지 알 수도 없다. 단지 죽어 있는 나의 상사(my boss)의 모습만 보일 것이다. 어떤 킬러가 어리석게 살인사건 현장에서 밤부터 발견 당시까지 칼로 찌른 상태로 계속 있겠는가?

경찰에게 나는 다음과 같이 신고한다.
"나의 상사(my boss)가 살해되었다."
이 문장이 수동태 문장이다.

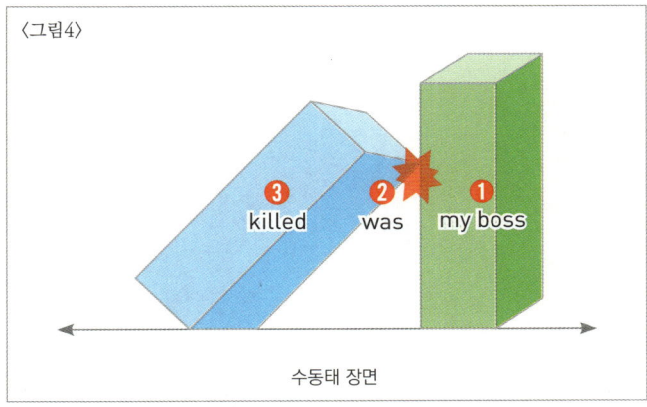

My boss was killed. [by someone = a killer]
- 누군지 알 수 없다. -그래서 생략한다.

　수동태 문장은 행위를 당한 자에 관한 직접적 이야기가 중심이며 나머지 행위자는 부차적인 내용이다.

4) 수동문은 언제 쓰는가?

① 행위자가 시야에 보이질 않는다.
② 행위자를 모른다.(알 수 없다)
③ 행위자가 불특정 다수라서 누군지 꼭 집어 알 수 없다.
　　(예 : 소문을 낸 사람 등)
④ 행위자가 관심의 대상이 아니어서 눈에 안 들어온다.
　　(눈에 부각되지 않는다)
⑤ 행위자를 알아도 밝히고 싶지 않다.
⑥ 행위를 당한 대상(인물 혹은 물체)이 관심의 초점이며, 대화나 글의 문맥상에서 묘사하여야 하는 경우이다.

5) 수동문 만들기 전의 선행 작업

첫째, 능동태 문장의 장면에서 행위자를 (괄호) 속에 넣어 배제 처리한다.(1-4의 이유)

둘째, 행위를 당한 대상을 수동문의 주어로 잡고 읽는다.

셋째, 수동문의 주어(능동문의 목적어)를 중심으로 좌(뒤/과거 쪽)·우(앞/미래 쪽)에 직접 딸린 내용을 왼쪽에서 오른쪽으로 스캔하며 차례가기로 묘사한다.

즉, 이는 설명하고자 하는 대상에 대해 어떤 힘이 미쳐서 어떤 결과를 낳는지 [시공간 차례가기(순)]로 읽는 것을 의미한다.

만약, (괄호) 속에 넣어 1차 배제했던 행위자를 필요에 따라 밝히고 싶으면 (by + 행위자)로 표현하여 강조해 주거나, 모르면 생략하면 된다.

6) 수동문에서 주의할 점

첫째, 능동태 장면에서 행위자를 (괄호) 속에 넣어 1차 배제 처리한다.

둘째, 본동사의 행위를 직접 받는 것만 수동문의 주어가 될 수 있다.

2. 수동문 만들기

1) 4형식 문장의 수동문

She gave me a ball.

→ 그녀는 나에게 공을 주었다.

장면
그녀가 줘서
나는 공을
소유하고 있다.

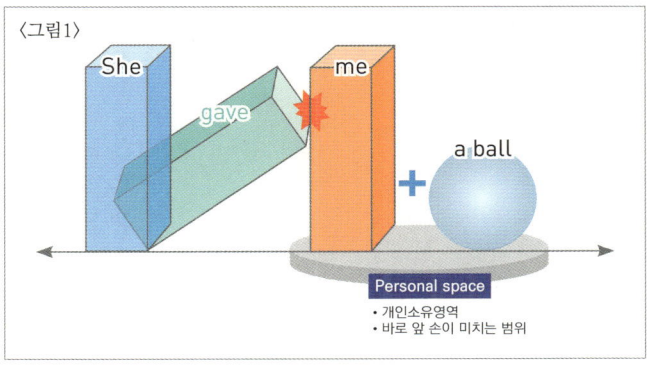

〈그림1〉

1 선행 작업 : 장면 연상

① 위 능동문에서 현재 '나'(me)가 공을 소유한 장면을 떠올린다. 이 장면은 공을 준 '행위자'(She)를 밝히고 싶지 않거나 누가 주었는지는 관심이 없다.

그래서 행위자 She를 (괄호) 처리하여 배제한다.

그러면, 본동사 gave의 영향을 받아서(당해서) me가 공을 소유하고 있는 장면만 **[1차로 부각]**되어 남는다.

〈그림2〉 ➡ (She) gave me a ball.
　　　　　　　was given →

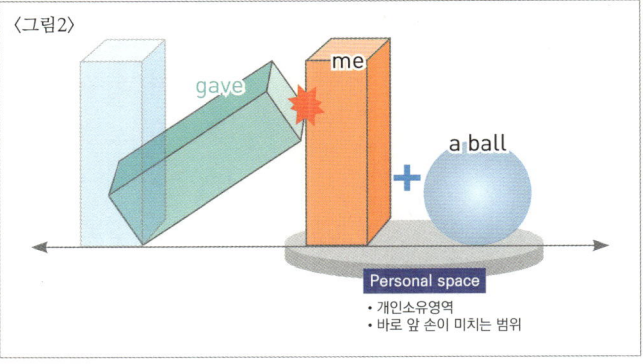

〈그림2〉

2 수동문 구사 : 선행 작업 후 부각된 장면 읽기

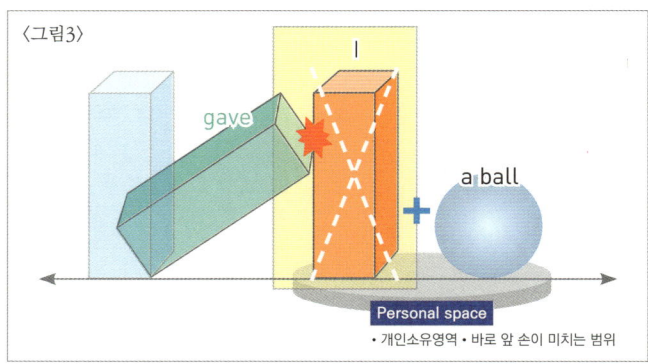

① was given →
  gave me a ball.에서, 행위를 당한 me에 대한 묘사임으로 주어로 잡는다.
  (즉, 목적격 me를 I로 먼저 읽고 **배제**한다.)
  - 주어 : *I* 〈그림3〉

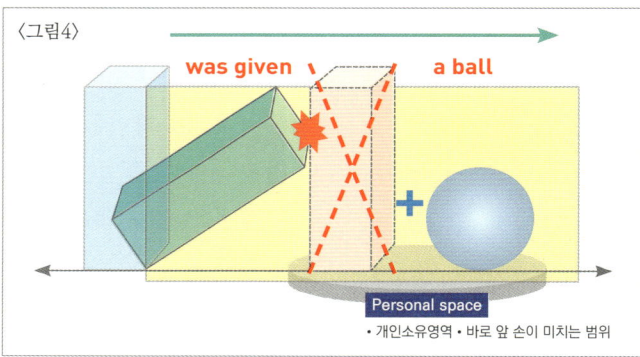

② 다음은 gave me a ball에서, I(me)의 왼쪽(뒤)·오른쪽(앞)에 딸린 나머지 정보들을 왼쪽에서 오른쪽으로 스캔하며 차례가기로 읽는다. **어떤 힘이 미쳐서 어떤 결과를 낳는지 즉, 〈cause and effect 법칙〉에 따라 〈시공간 차례가기〉 순으로 읽는다.**
위 〈그림4〉와 같이 왼쪽(뒤)의 영역에는 gave라는 행위를 당하는 장면이므로 'was given'으로 읽고, 오른쪽(앞)의 소유영역에는 a ball이 놓여 있음으로 'a ball'이라고 읽는다.
  - 나머지 : was given a ball 〈그림4〉

③ 그러면, 자동으로 〈수동문 : I was given a ball.〉이
   완성된다.

3 기타(선택) 부분
이제 시야를 더 확대하면, 선행 작업으로 맨 처음 (괄호)처리하여 보이지 않던 행위자 부분이 시야에 들어온다.
이 행위자 부분은 'by + 행위자 [힘의 원천(출발점)]'로 읽되, 대화나 글의 문맥상에서 누구인지 확실히 밝힐 필요가 있을 때 묘사한다.
그래서 (괄호) 속에 넣었다.
- 행위자(힘의 출발점) : (by her)

p. 118 : X by Y(전치사) 설명 참조

종합하면,
I was given a ball (by her).

2) 3형식 문장의 수동문

I threw a ball to him. (3형식)

➡ A ball was thrown to him (by me).

1 선행 작업 : 장면 연상

① 먼저 〈행위자 I〉가 공을 들고 있는 상태에서 주는 장면을 떠올린다. 〈그림1〉과 같다.

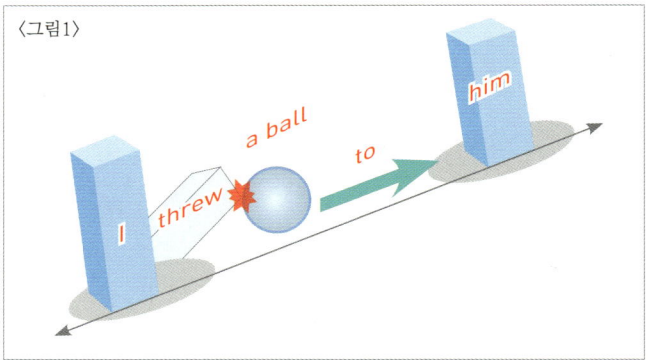

② 이 장면에서 누가 주었는지는 관심의 대상이 아니다. 따라서 I에 해당하는 부분을 (괄호) 처리하여 배제한다. 그러면 〈그림2〉와 같이 된다.

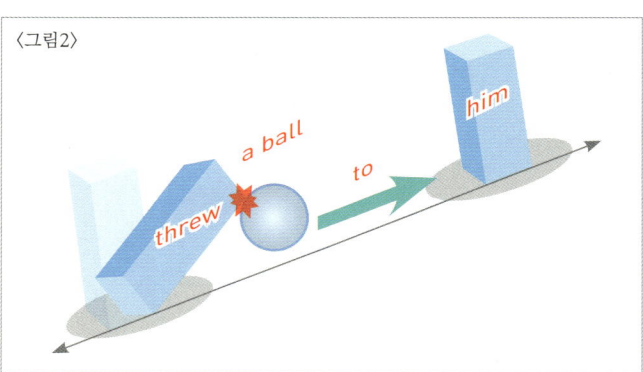

PART 05 _ 특수구문의 이해

② 수동문 구사 : 선행 작업에 의해 부각된 장면 읽기

① A ball에 대한 묘사이기에 주어로 잡는다.
   (즉, A ball을 먼저 읽고 배제한다.)
   - 주어 : A ball 〈그림3〉

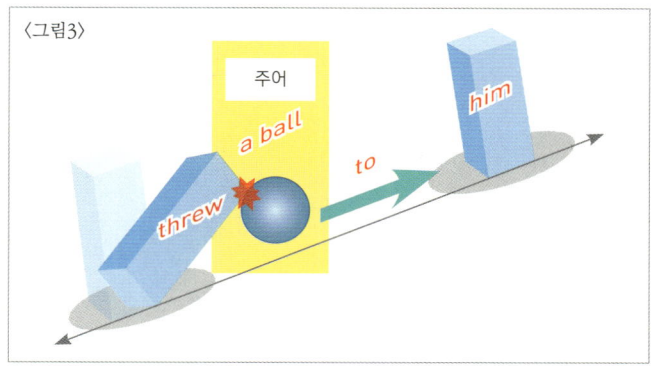

② a ball에 딸린 정보(a ball을 배제한 나머지 부분)을 왼쪽부터 오른쪽으로 읽는다.
   이는 공에 딸린 정보 즉, 어떤 힘이 미쳐서 어떤 결과를 낳는지를 시간순으로 왼쪽에서 오른쪽으로 스캔하며 차례가기로 읽는다.
   - 나머지 : was thrown to him 〈그림4〉

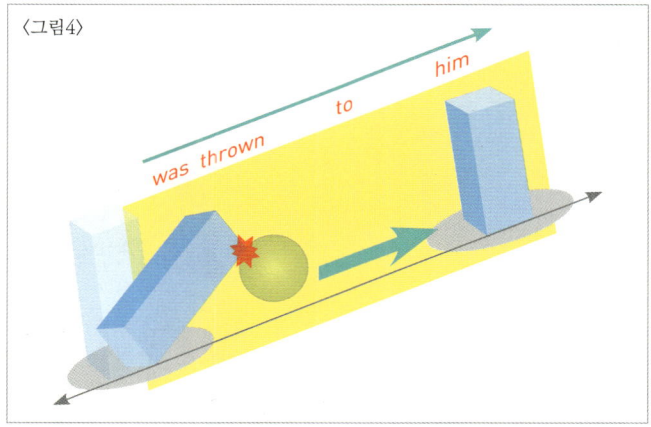

③ 그러면, 'A ball was thrown to him.(① + ②)'이라는 문장이 완성된다.

3 기타 부분

① 대화나 글의 문맥상에서 밝힐 필요가 있을 때, 위 선행 작업에서 맨 처음 (괄호) 처리하여 보이지 않던 행위자 부분을 되살려 읽는다.

A ball was thrown to him (by me).이 완성된다.

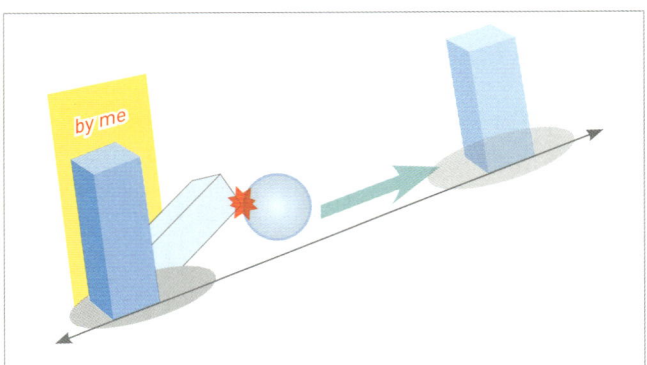

3) 5형식 문장의 수동문

1 She made me cook.

영어 어순
[시공간 차례가기]

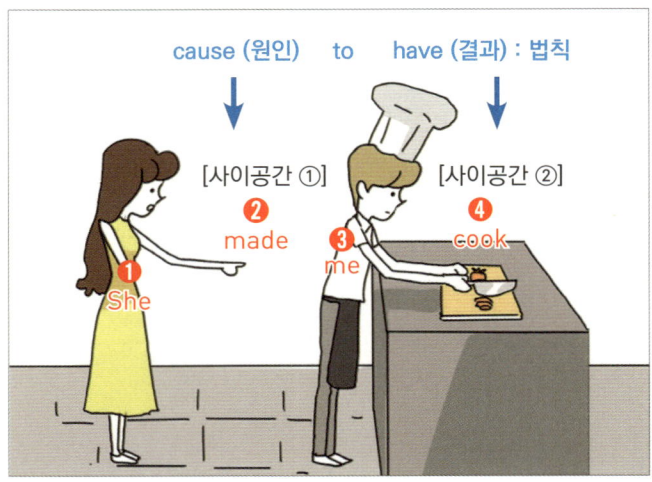

PART 05 _ 특수구문의 이해

① 행위자 배제

위 장면에서 관심의 대상이 아닌 행위자(She)를 (괄호) 속에 넣어 1차 배제한다.

➡ (She) made me cook.(5형식)

② 수동문 주어 잡기

행위를 당한 대상만이 수동문의 주어가 될 수 있다.
made me cook.
me만 본동사 made의 직접 영향을 받는다.

➡ I

③ 주어에 딸린 정보 (차례가기 읽기)

was made →
made me cook.에서
'I'(me)에 딸린 왼쪽(뒤/과거 쪽)·오른쪽(앞/미래 쪽) 정보(내용)를 왼쪽에서 오른쪽으로 스캔하며 차례가기로 묘사한다.

즉, 이는 설명하고자 하는 대상에 대해 딸린 정보 즉, 어떤 힘이 미쳐서 어떤 결과를 낳는지 시공간 차례가기(순)로 읽는 것을 의미한다.

made →
➡ 왼쪽(뒤/과거 쪽) **was made** + 오른쪽(앞/미래 쪽) **to** cook.

[주의]
원형부정사 cook은 앞에 to를 더하여 **to** cook으로 변환시켜 주어야 하는데, 이는 was made라는 행위가 먼저 일어났고 그 후에 cook이라는 행위에 가서 닿았음을 to로 표시하는 것이다. 즉 to는 두 동작 간의 선후 관계를 표현한다.

④ 행위자 옵션 처리 (zoom out)

선택적으로, (She) made me cook.에서 (괄호) 속에 넣어 1차 배제했던 행위자를 필요에 따라 밝히고 싶으면 (by + 행위자)로 표현하여 강조해 주고, 모르면 생략하면 된다. ➡ (***by her***).

따라서, [make 사역동사를 사용한 5형식 문장]의 수동문은 다음과 같이 완성된다.

I ➡ **was made + to cook** ➡ **(by her).**

2 I had him repair it.

➡ **He was asked to repair it (by me).**

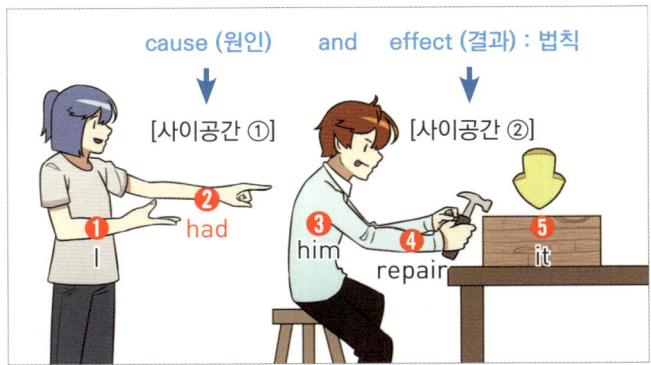

| 영어 어순
[시공간 차례가기] | |

① 행위자 배제

위 장면에서 행위자를 (괄호) 속에 넣어 1차 배제한다.
➡ (I) had **him** repair it.(5형식)

② 수동문 주어 잡기

행위를 당한 대상만이 수동문의 주어가 될 수 있다.
had **him** repair it.(5형식)
him만 본동사 had의 직접 영향을 받는다.
➡ *He*

③ 주어에 딸린 정보
(차례가기 읽기)

was asked →
had **him** repair it.에서
'He'(him)에 딸린 왼쪽(뒤/과거 쪽)·오른쪽(앞/미래 쪽) 정보(내용)를 왼쪽에서 오른쪽으로 스캔하며 차례가기로 묘사한다. 즉, 이는 설명하고자 하는 대상에 대해 어떤 힘이 미쳐서 어떤 결과를 낳는지 시공간 차례가기(순)로 읽는 것을 의미한다.

➡ 왼쪽(뒤/과거 쪽) **was asked** + 오른쪽(앞/미래 쪽)
　 to repair it.

[주의]
① **사역동사 [have]**는 상대가 하기로 약속되어 있는 일을 시킴을 소유하고 있는 상태를 의미하기에 굳이 수동태로 바꾸면 할 일을 하라고 요청받은 것으로 발상하여 [be + asked]로 전환하여 사용함에 주의!

PART 05 _ 특수구문의 이해

③ 주어에 딸린 정보 (차례가기 읽기)

② **원형부정사 repair**는 앞에 to를 더하여 **to** repair it으로 변환시켜 주어야 하는데, 이는 was asked라는 행위가 먼저 일어났고 그 후에 repair라는 행위에 가서 닿았음을 to로 표시하는 것이다. 즉 to는 두 동작 간의 선후 관계를 표현한다.

④ 행위자 선택적 처리 (zoom out)
④ 행위자를 밝히고 싶을 때 (by + 행위자)

선택적으로, (I) had **him** repair it. <small>was asked→</small> 에서 (괄호) 속에 넣어 1차 배제했던 행위자를 필요에 따라 밝히고 싶으면 (by + 행위자)로 표현하여 강조해 주고, 모르면 생략하면 된다.

➡ *(by me)*.

따라서, 다음과 같이 능동태 [5형식의 have 사역동사 표현]의 수동태는 다음과 같이 완성된다.

He ➡ was asked + to cook <small>had→</small> ➡ (by me).

---

❸ She let me run.

➡ I **was allowed to** run (by her).

영어 어순
[시공간 차례가기]

① 행위자 배제

위 장면에서 행위자를 (괄호) 속에 넣어 1차 배제한다.

➡ (She) let **me** run.(5형식) ➡ *(by me)*.

② 수동문 주어 잡기	위 장면에서 행위자를 (괄호) 속에 넣어 1차 배제한다. let **me** run. **me**만 본동사 let의 직접 영향을 받는다.
③ 주어에 딸린 정보 (차례가기 읽기)	$^{\text{was allowed} \rightarrow}$ let **me** run.에서 'I'(**me**)에 딸린 왼쪽(뒤/과거 쪽)·오른쪽(앞/미래 쪽) 정보(내용)를 왼쪽에서 오른쪽으로 스캔하며 차례가기로 묘사한다. 즉, 이는 설명하고자 하는 대상에 대해 딸린 정보 즉, 어떤 힘이 미쳐서 어떤 결과를 낳는지 시공간 차례가기(순)로 읽는 것을 의미한다. ➡ 왼쪽(뒤/과거 쪽) **was allowed** $^{\text{let} \rightarrow}$ + 오른쪽(앞/미래 쪽) **to run.** [주의] ① **사역동사 [let]**은 허락하다의 의미로 사용되었으므로 허락받음의 [be + allowed]로 전환하여 사용함에 주의! ② **원형부정사 run**은 앞에 to를 더하여 **to** run으로 변환시켜 주어야 하는데, 이는 was allowed라는 행위가 먼저 일어났고 그 후에 run이라는 행위에 가서 닿았음을 to로 표시한 것이다. 즉 to는 두 동작 간의 선후 관계를 표현한다.
④ 행위자 선택적 처리 (zoom out)	$^{\text{was allowed} \rightarrow}$ 넷째, 옵션으로, (She) let **me** run.에서 (괄호) 속에 넣어 1차 배제했던 행위자를 필요에 따라 밝히고 싶으면 (by + 행위자)로 표현하여 강조해 주고, 모르면 생략하면 된다. ➡ **(by her)**. 따라서, 다음과 같이 능동태 [5형식의 let 사역동사 표현]의 수동태는 다음과 같이 완성된다. $^{\text{let} \rightarrow}$ I ➡ **was allowed** + **to run** ➡ **(by her)**.

PART 05 _ 특수구문의 이해

4) 단순 지각 동사와 원형부정사

1 I heard a dog bark in the yard.

영어 어순
[시공간 차례가기]

① 행위자 배제

위 장면에서 행위자를 (괄호) 속에 넣어 1차 배제한다.
➡ (I) heard a dog bark in the yard.

② 수동문 주어 잡기

행위를 당한 대상만이 수동문의 주어가 될 수 있다.
heard a dog bark in the yard.
a dog만 본동사 heard의 직접 영향을 받는다.
➡ A dog

③ 주어에 딸린 정보
(차례가기 읽기)

was heard →
heard a dog bark in the yard.에서 a dog에 딸린 왼쪽(뒤/과거 쪽) · 오른쪽(앞/미래 쪽) 정보(내용)를 왼쪽에서 오른쪽으로 스캔하며 차례가기로 묘사한다.

heard →
➡ 왼쪽(뒤/과거 쪽) **was heard** + 오른쪽(앞/미래 쪽)
 to bark in the yard.

[주의]
① 원형부정사 bark 앞에 to를 더하여 **to** bark로 변환시켜 주어야 하는데, 이는 was heard라는 행위가 먼저 있었고 그 후에 bark 이라는 행위를 인지함을 to로 표시하는 것이다.
즉 to는 들어서 들린 내용을 인지하는 두 동작 간의 선후 관계를 표현한다.

STEP 06 • 수동태 _ 281

④ 행위자 선택 처리
(zoom out)

선택적으로, (I) heard a dog bark in the yard.에서 (괄호) 속에 넣어 1차 배제했던 행위자를 필요에 따라 밝히고 싶으면 (by + 행위자)로 표현하여 강조해 주고, 모르면 생략하면 된다.
was heard →

➡ (by me).

A dog ➡ was heard + to bark in the yard.
➡ (by me).

5. 수동태 문장에 적용된 zoom out의 차례가기 법칙

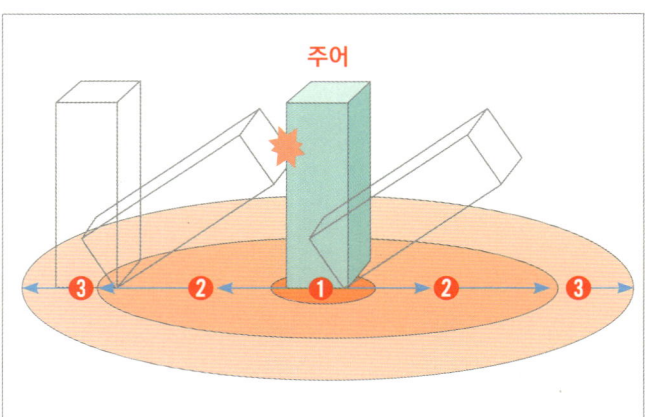

수동태는 행위를 당한 대상이 관심의 초점⟨이야기(서술)의 대상⟩이 있는 문장이기에,
첫째, 가장 좁은 ⟨①-영역⟩의 개체에 초점을 맞추어 주어로 잡고, **둘째**, Zoom Out(확대) 시켜 ⟨②-영역⟩의 주어에 딸린 정보를 [시공간 차례가기(순서)]대로 읽는다.

마지막으로, 〈③-영역〉으로 더욱 zoom out(확대) 시켜 부가정보를 읽으면, 수동문이 완성된다.

결론적으로, 수동문의 어순은 시선을 〈 ①-영역 〉에서부터 〈 ③-영역 〉으로 점점 zoom out(확대) 시켜 시야에 들어오는 정보를 차례가기로 읽는 것과 같다.

[Amazing Fact]

In Greek mythology, Atlas was a man who led a rebellion against the gods. As punishment for this act, he was made to support the world on his shoulders. When the first books of maps were published in the 16th century, many had an illustration of Atlas carrying a globe on their covers. As a result, a book of maps soon became known as an atlas.

[놀라운 사실]
그리스 신화에서 아틀라스는 신들에 대항하는 반란을 이끈 사람이었다. 이 행위에 대한 벌로, 그는 자신의 어깨 위에 세상을 떠받치도록 만들어졌다.
첫 번째 지도책이 16세기에 출판되었을 때, 많은 책이 지구본을 어깨 위에 떠받치고 나르는 아틀라스의 삽화를 표지에 가지고 있었다. 그 결과, 지도들을 담은 한 권의 지도책(a book of maps)은 곧 an atlas로 알려지게 되었다.

영어 어순 변화의 큰 흐름 추적

구분		선사시대	Old English		
시기 / 어순		~450	450 ~ 1100		
SVO	대체로 독립절				
SOV	종속절 (현대영어 불가능)				
VSO	의문문/명령문 (부정을 의미하는 부사가 문두에 오는 경우 문체상의 변이, 특히 방향이나 위치 부사가 문두에 올 때에 쓰임)				
VSO					
OSV	비교적 드물게 쓰임/ 목적어나 보어를 강조하기 위해				
OVS					
		고대 영어에서는 명사의 격(복수 주격/복수 여격)과 동사의 수(과거단수/과거복수)가 굴절어미로 상호간의 구분이 용이	상이한 두 언어 사용자가 의사를 원만히 하기 위해 어휘의 핵심 부분 강조 → 굴절 어미와 같은 세밀한 부분 자연 소홀히 하는 경향 → 음운 변화 초래		고대영어 말에 이미 굴절 어미의 약화 진행으로 어미의 혼동 초래
			고대영어말에 스칸디나비아어와의 접촉		
			고대영어에는 복잡했던 굴절 어미를 사용		
			고대영어에는 다른 인구어에 비해 어순이 고정됨		

부록

구분		Middle English	
시기		1100 ~ 1500	
어순			
SVO	대체로 독립절	가장 흔히(주로) 쓰인 어순	중세 영어말에 어순 유형 확립.
SOV	종속절 (현대영어 불가능)	목적어가 대명사일 때	어순 확립되는 과정에서 동사 앞의 목적어를 주어로 재분석하게 됨
VSO	의문문/명령문 (부정을 의미하는 부사가 문두에 오는 경우 문체상의 변이, 특히 방향이나 위치 부사가 문두에 올 때에 쓰임)	표면주어가 있는 직접 의문문과 명령문에 쓰임	
VSO			
OSV	비교적 드물게 쓰임/ 목적어나 보어를 강조하기 위해	직접목적어나 보어를 강조	
OVS		자주 문헌에 등장	
		① 굴절 어미를 대체하려는 노력 ⓐ 문장의 단어들 간의 관계를 나타내는 어순과(굴절 어미로 전달하던 정보를 어순에 의한 정보 전달로 바뀜/ 굴절어미에 의해 전달되던 통사 정보를 대체하는 효과) ⓑ 전치사와 다른 불변화사(즉, 기능어)에 의존하는 용법이 점차 늘어남	
		중세영어시기에 프랑스어와의 접촉으로 영어 굴절 어미의 단순화 현상 가속화	중세 영어 말에 와서 복잡했던 굴절 어미 거의 없어짐.
			중세 영어 말에 오늘날 영어에서 엿볼 수 있는 어순 유형이 거의 확립.
			중세영어 시기 후반에서 초기 현대 영어 시기 중반에 걸친 긴 기간에 영어가 상당한 통사 변화가 일어난 시기
		영어를 고도의 굴절 또는 종합적인 언어에서 분석적인 언어(Analytic language)로 탈바꿈(인구어의 유산 포기를 의미함)	

구분		Early Modern English		Modern English
시기		1500 ~ 1800		1800 ~ 현재
어순		17세기	18세기	
SVO	대체로 독립절	독립절과 종속절 모두 SVO어순이 규칙적으로 쓰임.		영어사를 통하여 독립절의 서술문에 쓰인 기본 어순 유형은 항상 SVO어순이었으며 여러 세기를 거쳐 내려오면서 통사구조에 일어난 많은 어순 변화는 이 유형을 기본으로 하여 확장 내지 변형한 것들이었다.
SOV	종속절 (현대영어 불가능)			
VSO	의문문/명령문 (부정을 의미하는 부사가 문두에 오는 경우 문체상의 변이, 특히 방향이나 위치 부사가 문두에 올 때에 쓰임)	직접의문문, 종속접속사가 앞에 오지 않는 조건문에서 규칙적으로 사용. 명령문에서 사용.	부정을 나타내지 않는 부사류 + VSO어순	
VSO				
OSV	비교적 드물게 쓰임/ 목적어나 보어를 강조하기 위해	목적어/보어를 강조하기 위해 쓰임		
OVS				
			Age of Reason - 만일 우주의 내용물을 논리적인 범주로 나눌 수 있고 그 행동을 법칙으로 환원시킬 수 있다고 한다면, 언어의 문법도 분명히 정의를 내릴 수 있고, 규칙을 세울 수 있으리라고 믿었다.	
		1500년 경부터 대부분의 영어 문법이 형태보다는 통사구조에 더 의존하는 경향이 뚜렷하게 나타났다.		
		중세영어 시기 후반에서 초기 현대 영어시기 중반에 걸친 긴 기간에 영어가 상당한 통사 변화가 일어난 시기		
		영어를 고도의 굴절 또는 종합적인 언어에서 분석적인 언어 (Analytic language)로 탈바꿈(인구어의 유산 포기를 의미함)		

| 참고문헌 |

Geoffrey Leech & Jan Svartvik, (2002). *A Communicative Grammar of English. 3rd Ed*. Longman.

Gerald Nelson and Sidney Greenbaum, (2016). *An Introduction to English Grammar. Fourth Ed*. Routledge.

Gina Baaklini Hogan, (2013). *Building Better Grammar. International Ed*. WADSWORTH

Marianne Celce-Murcia, Diane Larsen-Freeman, (1999). *The Grammar Book. An ESL/EFL Teacher's Course. 2nd Ed*. HEINLE & HEINLE

Michael Swan & Catherine Walter, (1998). *how English Works*. Oxford.

Randolph Quirk, Sindney Greenbaum, Geoffrey Leech, and Jan Svartvik, (1990). *A Comprehensive Grammar of the English Language. Eighth Ed*. Index by David Crystal. Longman.

이기동, (2020). 영어 전치사 연구(의미와 용법). 교문사

장근철 & 박완순, (2004). 동사가 논리를 만날 때. 경진문화사

문용, (2012). 고급영문법 해설. 박영사

박영배, (2010). 영어사. 한국문화사